AF550805

MAY PHAM

VIETNAMESISCHES *Kochbuch*

Email: info@edition-lunerion.de
www.edition-lunerion.de

Psiana eCom UG
Berumer Str. 44
26844 Jemgum

Vorwort

Beim bloßen Gedanken an vietnamesische Köstlichkeiten läuft Ihnen bereits das Wasser im Munde zusammen, aber leider gehen gute Restaurantbesuche auf Dauer ins Geld? Dann ist dieses Kochbuch Ihre Rettung! Denn die raffiniert-exotischen Leckereien können Sie ganz einfach auch selbst zubereiten und wie Sie die volle Vielfalt auf den Tisch zaubern, zeigt Ihnen dieses Kochbuch.

Pho Chay, Bun Cha oder Bun bo nam bo – was zwar exotisch klingt, geht längst vielen Gourmets weltweit ganz selbstverständlich von den Lippen, denn die vietnamesische Küche hat sich zu einem Exportschlager entwickelt. Kein Wunder, punkten die Gerichtedoch mit einzigartigem Aroma sowie spannenden Geschmackskombinationen und bleiben dabei günstig, knackig frisch, gesund und unkompliziert. Deshalb eignen sie sich auch hervorragend für den Alltag und hier entdecken Sie eine Riesenauswahl an Rezepten für jeden Geschmack und Anlass. Ob raffinierte Salate, Suppen und Snacks, würzig-aromatische Hauptgerichte oder feine Desserts und Getränke, bei den vielfältigen Schlemmereien finden Fleischfans, Fischfreunde, Veggies und Süßschnäbel immer wieder neue Highlights und probieren sich quer durch die verschiedenen Regionen Vietnams.

Guten Appetit!

Inhalt

Chúc ngon miệng!

Vietnamesische Esskultur ist ein wichtiger Teil der Kultur und des täglichen Lebens in Vietnam. Es ist eine Mischung aus chinesischen und französischen Einflüssen, aber dennoch hat es seine eigenen einzigartigen Merkmale und Eigenheiten.

In Vietnam ist Essen nicht nur ein Mittel zur Sättigung, sondern auch eine soziale Aktivität und eine Gelegenheit, Zeit mit Familie und Freunden zu verbringen. Die Esskultur wird auch durch viele Traditionen und Bräuche geprägt, die in der vietnamesischen Kultur tief verwurzelt sind.

Eine der bekanntesten Essgewohnheiten in Vietnam ist das Essen von Reis, das als Grundnahrungsmittel betrachtet wird und in fast jeder Mahlzeit enthalten ist. Es wird oft in Schüsseln serviert und mit verschiedenen Beilagen wie Fleisch, Gemüse, Fisch und Sojasprossen kombiniert. Reisnudeln sind auch ein wichtiger Bestandteil der vietnamesischen Küche und werden in Suppen, Salaten und gebratenen Gerichten verwendet.

Das Essen ist bekannt für seine frischen und gesunden Zutaten. Gemüse, Kräuter und Gewürze werden in vielen Gerichten verwendet, um den Gerichten eine besondere Note zu verleihen und das Aroma zu verstärken. Auch Tofu und Sojaprodukte sind wichtige Zutaten in der vietnamesischen Küche.

Eine weitere Besonderheit der vietnamesischen Esskultur ist das Essen mit Stäbchen. Es ist eine Fertigkeit, die in Vietnam von Kindheit an geübt wird und Teil des Alltagslebens ist. In Vietnam wird auch viel Wert auf die Präsentation von Essen gelegt. Die Gerichte werden oft kunstvoll arrangiert und dekoriert, um eine schöne Optik zu erreichen.

Eine wichtige Tradition in Vietnam ist das gemeinsame Essen. Gerichte werden oft in der Mitte des Tisches serviert und jeder nimmt sich, was er möchte. Es ist auch üblich, dass Familienmitglieder oder Freunde ihre Gerichte miteinander teilen, um die Vielfalt der vietnamesischen Küche zu genießen.

Neben der traditionellen Küche gibt es in Vietnam auch viele lokale Spezialitäten, die von Region zu Region unterschiedlich sind. Zum Beispiel ist die Küche in Nordvietnam eher mild und einfach, während die Küche in Südvietnam würziger und vielfältiger ist. Phở, Bun Cha, Bánh Xeo und Bánh Mi sind einige der bekanntesten Gerichte in Vietnam.

Insgesamt ist die Esskultur in Vietnam ein wichtiger Teil des täglichen Lebens und spiegelt die reiche Geschichte und Kultur des Landes wider. Das Essen in Vietnam ist nicht nur lecker und gesund, sondern auch ein soziales Ereignis, das Menschen zusammenbringt und die vietnamesische Kultur feiert.

Vietnamesisches Essen können Sie jedoch auch in der eigenen Küche zaubern. In Deutschland gibt es viele Möglichkeiten, vietnamesische Zutaten zu kaufen.

So zum einen in asiatischen Supermärkten. In vielen größeren Städten gibt es asiatische Supermärkte, die eine große Auswahl an vietnamesischen Zutaten bieten. Hier können Sie frische Kräuter wie Koriander, Thai-Basilikum und Minze, aber auch trockene Zutaten wie Reisnudeln, Reis, Sojasauce und Fischsauce finden.

Zudem gibt es mehrere Online-Shops, die sich auf den Verkauf von asiatischen Zutaten spezialisiert haben. Beliebte Shops sind unter anderem Asiafoodland, Asia-In und Asianfoodlovers.

Auf einigen Bauernmärkten finden Sie ebenfalls vietnamesische Zutaten wie frische Kräuter und Gemüse, die von lokalen Bauern angebaut werden.

Auch vietnamesische Restaurants können eine Anlaufstelle sein. Einige vietnamesische Restaurants haben auch einen kleinen Markt oder Verkaufsraum, in dem sie Zutaten anbieten.

Zu guter Letzt können Sie die Gemüsehändler ansteuern, denn manche vietnamesischen Zutaten, wie zum Beispiel Zitronengras, werden auch von einigen Gemüsehändlern in Deutschland angeboten.

Bedenken Sie dabei, dass einige vietnamesische Zutaten möglicherweise nicht in allen Geschäften oder Märkten erhältlich sind. Es kann sich daher lohnen, verschiedene Optionen auszuprobieren, um die gewünschten Zutaten zu finden.

Nun wünsche ich Ihnen viel Freude bei der Zubereitung und im Anschluss einen.

Chúc ngon miệng – Guten Appetit

Frühstück

BÁNH MI – BELEGTES SANDWICH

2 - 3 Port.

10 Min.

Leicht

Zutaten

1 französisches Baguette
150 g gegrilltes Hähnchenbrustfilet
2 Karotten, in Julienne geschnitten
½ Gurke, in Julienne geschnitten
1 Jalapeño, entkernt und in dünne Scheiben geschnitten
2 Frühlingszwiebeln, in dünne Streifen geschnitten
¼ Tasse Korianderblätter
¼ Tasse Mayo
1 EL Sriracha-Sauce
1 EL Fischsauce
1 EL Limettensaft
Salz und Pfeffer nach Geschmack

Nährwerte p. P.

492 kcal
57 g Kohlenhydrate
14 g Fett
33 g Eiweiß

1 Sie schneiden das Baguette auf und backen es im Ofen oder Toaster knusprig auf.

2 Sie mischen die Karotten, Gurken, Jalapeño und Frühlingszwiebeln in einer Schüssel.

3 In einer anderen Schüssel mischen Sie die Mayo, Sriracha-Sauce, Fischsauce und Limettensaft, um die Sauce zuzubereiten.

4 Sie schneiden das gegrillte Hähnchenbrustfilet in dünne Scheiben.

5 Sie bestreichen das Baguette mit der Sauce und belegen es mit den Hähnchenscheiben.

6 Die Karotten-Gurken-Mischung verteilen Sie darauf und garnieren das Sandwich mit Korianderblättern.

7 Mit Salz und Pfeffer würzen Sie es nach Geschmack und servieren es.

CHÁO GẠO – REISBREI

2 Port.

3 Std.

Leicht

Zutaten

1 Tasse Jasminreis
4 Tassen Hühnerbrühe
2 Hühnerbrustfilets, in kleine Stücke geschnitten
2 Knoblauchzehen, gehackt
1 Ingwerwurzel, geschält und in Scheiben geschnitten
2 Frühlingszwiebeln, in dünne Scheiben geschnitten
1 EL Fischsauce
1 TL Zucker
Salz und Pfeffer nach Geschmack
Korianderblätter zum Garnieren

Nährwerte p. P.

390 kcal
57 g Kohlenhydrate
4 g Fett
27 g Eiweiß

1 In einem Sieb sollten Sie den Jasminreis abspülen und abtropfen lassen.

2 In einem Crockpot sollten Sie dann die Hühnerbrühe, den abgetropften Jasminreis, Knoblauch, Ingwer und Hühnerstücke vermengen.

3 Danach stellen Sie den Crockpot auf „hoch" und lassen das Ganze für 2–3 Stunden kochen, bis der Reis zu einer cremigen Konsistenz verkocht ist.

4 Fügen Sie dann Fischsauce, Zucker, Salz und Pfeffer hinzu und rühren Sie es gut um. Zum Garnieren sollten Sie Frühlingszwiebeln und Korianderblätter verwenden.

XÔI MÈ ĐẬU PHỘNG – REISFRÜHSTÜCK MIT SESAM UND ERDNÜSSEN

 2 Port.
 20 Min.
 Leicht

Zutaten

200 g klebriger Reis
100 ml Wasser
100 ml Kokosmilch
¼ TL Salz
geröstete Erdnüsse, gehackt
gerösteter Sesam
gehackter Koriander

Nährwerte p. P.

281 kcal
53 g Kohlenhydrate
5 g Fett
6 g Eiweiß

1 Um Xoi zuzubereiten, sollten Sie zunächst den klebrigen Reis in eine Schüssel geben und mit kaltem Wasser abspülen, bis das Wasser klar ist. Lassen Sie den Reis abtropfen und geben Sie ihn in einen Topf.

2 Fügen Sie Wasser, Kokosmilch und Salz hinzu und rühren Sie alles gut um.

3 Decken Sie den Topf ab und kochen Sie den Reis bei mittlerer Hitze, bis er weich und klebrig ist. Rühren Sie dabei gelegentlich um, um ein Anhaften des Reises am Boden des Topfes zu verhindern.

4 Wenn der Reis gar ist, nehmen Sie den Topf vom Herd und lassen Sie den Reis noch 10 Minuten ruhen.

5 Servieren Sie den Xoi heiß und garnieren Sie ihn mit gehackten Erdnüssen, geröstetem Sesam und Koriander.

TỎI VÀ CÀ CHUA PHẾT – KNOBLAUCH-TOMATEN-AUFSTRICH

2 Port.

20 Min.

Leicht

Zutaten

4 Tomaten
1 Zwiebel
2 Knoblauchzehen
1 EL Öl
1 TL Zucker
1 TL Salz
1 Prise Pfeffer
optional: Chili, Koriander

Nährwerte p. P.

69 kcal
10 g Kohlenhydrate
3 g Fett
2 g Eiweiß

1 Waschen Sie zuerst die Tomaten und schneiden Sie sie in kleine Stücke.

2 Schälen Sie die Zwiebel und den Knoblauch und schneiden Sie sie ebenfalls in kleine Stücke.

3 Erhitzen Sie Öl in einer Pfanne und braten Sie die Zwiebel und den Knoblauch glasig an.

4 Fügen Sie die Tomatenstücke hinzu und vermischen Sie alles gut.

5 Würzen Sie die Tomaten mit Zucker, Salz und Pfeffer und lassen Sie sie bei niedriger Hitze köcheln, bis sie weich sind und eine Sauce gebildet haben.

6 Sie können optional noch klein gehackte Chili und Koriander hinzufügen, um der Sauce mehr Geschmack zu verleihen.

7 Servieren Sie die Ca Chua heiß.

MỨT XOÀI – EINGELEGTE MANGO

2 Port.

1 Std.

Leicht

Zutaten

2 reife Mangos
200 g Zucker
150 ml Wasser
Eine Prise Salz
Optional: Chili oder Ingwer für zusätzlichen Geschmack

Nährwerte p. P.

132 kcal
33 g Kohlenhydrate
0,2 g Fett
0,6 g Eiweiß

1 Schälen Sie die Mangos und schneiden Sie das Fruchtfleisch in dünne Streifen oder Würfel, je nach Ihrer Vorliebe.

2 In einem Topf Zucker, Wasser und eine Prise Salz vermengen und zum Kochen bringen. Wenn Sie einen zusätzlichen Geschmack wünschen, können Sie jetzt auch einige gehackte Chilis oder Ingwer hinzufügen.

3 Sobald der Zucker vollständig aufgelöst ist und der Sirup leicht köchelt, geben Sie die Mangostreifen in den Topf.

4 Reduzieren Sie die Hitze auf mittlere Stufe und lassen Sie die Mangos im Sirup köcheln. Rühren Sie gelegentlich um, um sicherzustellen, dass die Mangos gleichmäßig kandiert werden.

5 Kochen Sie die Mangos etwa 15-20 Minuten lang, bis sie weich und der Sirup etwas eingedickt ist.

6 Nehmen Sie die kandierten Mangos aus dem Sirup und lassen Sie sie auf einem Gitter abtropfen oder auf Pergamentpapier auskühlen.

7 Wenn die Mangos abgekühlt sind, können Sie sie in luftdichten Behältern aufbewahren.

BÁNH CUỐN – REISNUDELROLLE

4 Port.

30 Min.

Leicht

Zutaten

250 g Reismehl
750 ml Wasser
½ TL Salz
200 g Schweinehackfleisch
1 Schalotte, fein gehackt
2 EL getrocknete Pilze, eingeweicht und fein gehackt
½ TL Fischsauce
½ TL Zucker
¼ TL gemahlener schwarzer Pfeffer
1 EL Öl (2x)
1 Bund Frühlingszwiebeln, fein geschnitten
2 EL Sojasauce
2 EL Reisessig
¼ TL Chili-Flocken
frischer Koriander zum Garnieren

Nährwerte p. P.

319 kcal
45 g Kohlenhydrate
12 g Eiweiß
8 g Fett

1 Geben Sie Reismehl, Wasser und Salz in eine große Schüssel und rühren Sie alles zu einem glatten Teig um. Erhitzen Sie eine große flache Pfanne mit etwas Öl. Geben Sie einen Esslöffel Teig in die Pfanne und verteilen Sie ihn durch Drehen der Pfanne dünn und gleichmäßig. Braten Sie den Teig etwa 1 Minute, bis er fest ist. Wiederholen Sie diesen Vorgang, bis der Teig aufgebraucht ist. Stapeln Sie die Pfannkuchen auf einem Teller und stellen Sie ihn beiseite.

2 Geben Sie Schweinehackfleisch, Schalotte, Pilze, Fischsauce, Zucker und schwarzen Pfeffer in eine Schüssel und vermengen Sie alles gut miteinander.

3 Erhitzen Sie Öl in einer Pfanne und braten Sie die Frühlingszwiebeln darin an, bis sie weich sind. Fügen Sie die Fleischmischung hinzu und braten Sie alles unter Rühren, bis das Fleisch gar ist.

4 Legen Sie einen Esslöffel der Fleischmischung auf die Mitte eines Pfannkuchens. Klappen Sie den Pfannkuchen von einer Seite zur Mitte und dann von der anderen Seite zur Mitte, um eine Rolle zu bilden. Wiederholen Sie diesen Vorgang, bis alle Pfannkuchen mit Fleisch gefüllt sind.

5 Erhitzen Sie in einem kleinen Topf Sojasauce, Reisessig und Chili-Flocken. Gießen Sie die Sauce über die Bánh Cuốn und garnieren Sie sie mit frischem Koriander.

Salate

BÚN CHAY – REISNUDELSALAT

4 Port.

20 Min.

Leicht

Zutaten

Zutaten:

250 g Reisnudeln
1 Karotte
¼ Weißkohl
¼ Gurke
½ Bund Minze
½ Bund Koriander
½ Bund Thai-Basilikum
½ Bund Frühlingszwiebeln
1 Handvoll Sojasprossen
2 EL geröstete Erdnüsse, grob gehackt
2 EL eingelegte Karotten
2 EL eingelegter Rettich
1 EL Öl
Salz
Pfeffer

Für die Marinade:

1 Knoblauchzehe, gehackt
1 kleine Chilischote, gehackt
3 EL Sojasauce
2 EL Limettensaft
2 EL Zucker
2 EL Wasser

Nährwerte p. P.

380 kcal
67 g Kohlenhydrate
7 g Fett
10 g Eiweiß

1 Sie geben zuerst die Reisnudeln in eine Schüssel und übergießen sie mit kochendem Wasser. Lassen Sie diese etwa 5–7 Minuten ziehen, bis sie weich sind, spülen Sie sie mit kaltem Wasser ab und lassen Sie sie abtropfen.

2 Die Karotte und den Weißkohl raspeln Sie fein, schneiden die Gurke in dünne Scheiben und schneiden die Frühlingszwiebeln in Ringe. Die Kräuter hacken Sie fein.

3 Für die Marinade vermengen Sie in einer Schüssel Knoblauch, Chili, Sojasauce, Limettensaft, Zucker und Wasser.

4 Erhitzen Sie das Öl in einer Pfanne und braten darin die Sojasprossen an. Würzen Sie sie mit Salz und Pfeffer.

5 Die abgetropften Reisnudeln vermengen Sie mit der Marinade und lassen sie etwa 5 Minuten ziehen.

6 Fügen Sie die eingelegten Karotten und den Rettich, das gebratene Gemüse, die gehackten Erdnüsse und die Kräuter zu den Reisnudeln hinzu und vermengen alles gut.

7 Richten Sie den Bun Chay in Schüsseln an und servieren Sie ihn.

GỎI GÀ – HÜHNCHEN-SALAT

4 Port.

40 Min.

Leicht

Zutaten

2 Hühnerbrustfilets
1 Kopf grüner Salat
½ Tasse gehackte Minze
½ Tasse gehackter Koriander
½ Tasse gehackte Frühlingszwiebeln
½ Tasse geröstete Erdnüsse
2 Knoblauchzehen, gehackt
2 EL Zucker
2 EL Fischsauce
1 EL Reisessig
Saft von 1 Limette

Nährwerte p. P.

350 kcal
17 g Kohlenhydrate
13 g Fett
40 g Eiweiß

1 Geben Sie die Hühnerbrustfilets in kochendes Wasser und kochen Sie sie etwa 20 Minuten lang, bis sie gar sind. Lassen Sie sie abkühlen und schneiden Sie sie in kleine Stücke.

2 Waschen Sie den grünen Salat und zupfen Sie ihn in mundgerechte Stücke. Geben Sie ihn zusammen mit der gehackten Minze, dem Koriander und den Frühlingszwiebeln in eine Schüssel.

3 Hacken Sie die gerösteten Erdnüsse grob und streuen Sie sie über den Salat.

4 Vermischen Sie in einer kleinen Schüssel den gehackten Knoblauch, Zucker, Fischsauce, Reisessig und Limettensaft, bis sich der Zucker aufgelöst hat.

5 Geben Sie die Hühnerstücke zum Salat und vermengen Sie alles mit der Dressing-Mischung.

6 Teilen Sie den Salat auf vier Teller auf und servieren Sie ihn.

GỎI ĐU ĐỦ – PAPAYA-SALAT

4 Port.

15 Min.

Leicht

Zutaten

1 grüne Papaya, geschält und in feine Streifen geschnitten
1 Karotte, geschält und in feine Streifen geschnitten
100 g gehackte Minze
50 g gehackter Koriander
50 g gehackte geröstete Erdnüsse

Für das Dressing
2 Knoblauchzehen, gehackt
2 rote Chilischoten, gehackt
3 EL Zucker
3 EL Fischsauce
3 EL Reisessig
Saft von 2 Limetten

Nährwerte p. P.

170 kcal
25 g Kohlenhydrate
5 g Fett
6 g Eiweiß

1 Sie nehmen die Papaya und Karotte und geben sie in eine Schüssel. Fügen Sie die gehackte Minze und Koriander sowie die gerösteten Erdnüsse hinzu.

2 In einer kleinen Schüssel vermengen Sie den gehackten Knoblauch, die rote Chilischote, den Zucker, die Fischsauce, den Reisessig und den Limettensaft, bis sich der Zucker aufgelöst hat.

3 Geben Sie das Dressing über den Salat und vermischen Sie alles gut.

4 Teilen Sie den Salat auf vier Teller auf und servieren Sie ihn.

GỎI XOÀI – MANGO-SALAT

4 Port.

15 Min.

Leicht

Zutaten

2 reife Mangos, geschält und in dünne Streifen geschnitten
50 g gehackte Minze
50 g gehackter Koriander
50 g gehackte Schalotten
50 g geröstete Erdnüsse, grob gehackt
25 g getrocknete Garnelen (optional)
2 EL Fischsauce
2 EL Limettensaft
1 EL Zucker
2 Knoblauchzehen, gehackt
2 rote Chilischoten, gehackt (optional)
Salz und Pfeffer nach Geschmack
grüner Salat zum Servieren

Nährwerte p. P.

312 kcal
34 g Kohlenhydrate
16 g Fett
11 g Eiweiß

1 Geben Sie die Mangostreifen in eine Schüssel.

2 Fügen Sie die gehackte Minze, Koriander und Schalotten hinzu und vermengen Sie alles gut miteinander.

3 Vermischen Sie in einer kleinen Schüssel die Fischsauce, Limettensaft, Zucker, Knoblauch und Chili, bis sich der Zucker aufgelöst hat.

4 Gießen Sie das Dressing über den Salat und vermischen Sie alles gut.

5 Fügen Sie die gerösteten Erdnüsse und getrockneten Garnelen (wenn verwendet) hinzu und vermischen Sie alles erneut.

6 Servieren Sie den Salat auf grünen Salatblättern.

BÒ TÁI CHANH – RINDFLEISCH-SALAT

2 - 4 Port.

30 Min.

Leicht

Zutaten

400 g Rindfleisch, in dünne Scheiben geschnitten
2 Limetten, entsaftet
2 Knoblauchzehen, gehackt
1 rote Chili, entkernt und gehackt
1 TL Zucker
1 EL Fischsauce
2 EL Pflanzenöl
½ TL Salz
½ TL schwarzer Pfeffer
frischer Koriander und geröstete Erdnüsse zum Servieren

Nährwerte p. P.

325 kcal
5 g Kohlenhydrate
21 g Fett
29 g Eiweiß

1 Sie können das Rindfleisch für Bo Tai Chanh in dünne Scheiben schneiden und auf einem Teller anrichten.

2 In einer Schüssel können Sie dann den Knoblauch und die Chili mit dem Limettensaft, Zucker, Fischsauce, Pflanzenöl, Salz und Pfeffer vermischen.

3 Geben Sie die Marinade über das Rindfleisch und vermengen Sie alles gut.

4 Lassen Sie den Salat für 15–20 Minuten im Kühlschrank marinieren.

5 Anschließend können Sie den Rindfleisch-Salat auf einer Servierplatte anrichten und mit Korianderblättern und gerösteten Erdnüssen garnieren.

GỎI NGÓ SEN – LOTUSWURZEL-SALAT

2 - 4 Port.

20 Min.

Leicht

Zutaten

1 kleine Lotuswurzel
100 g Hühnerfleisch
50 g Garnelen, geschält und entdarmt
1 kleine Karotte
1 kleine Zwiebel
1 Bund Koriander
½ Bund Minze
½ Bund Thai-Basilikum
2 EL geröstete Erdnüsse
1 EL geröstete Reisnudeln
1 EL Fischsauce
1 EL Limettensaft
1 TL Zucker
1 Knoblauchzehe, gehackt
1 kleine rote Chili, gehackt

Nährwerte p. P.

214 kcal
15 g Kohlenhydrate
8 g Fett
20 g Eiweiß

1 Zunächst müssen Sie die Lotuswurzel schälen und in dünne Scheiben schneiden. Das Hühnerfleisch sollten Sie in mundgerechte Stücke schneiden und die Garnelen halbieren. Die Karotte müssen Sie schälen und in feine Streifen schneiden. Zudem sollten Sie die Zwiebel in dünne Scheiben schneiden und die Koriander-, Minz- und Basilikumblätter von den Stielen zupfen und grob hacken. Die Erdnüsse müssen Sie ebenfalls grob hacken.

2 In einer Schüssel sollten Sie die Fischsauce, Limettensaft, Zucker, Knoblauch und Chili vermischen.

3 Anschließend geben Sie die Lotuswurzelscheiben in eine Schüssel und geben die Sauce darüber. Vermengen Sie alles gut und lassen Sie es für 10 Minuten marinieren.

4 In einer Pfanne sollten Sie das Hühnerfleisch anbraten, bis es gar ist. Die Garnelen sollten Sie in kochendem Wasser blanchieren, bis sie gar sind.

5 Danach sollten Sie das gebratene Hühnerfleisch, die Garnelen, Karottenstreifen, Zwiebelscheiben, Kräuter und Erdnüsse zu den marinierten Lotuswurzeln geben und gut vermengen.

6 Zuletzt sollten Sie den Gỏi Ngo Sen auf einer Servierplatte anrichten und mit gerösteten Reisnudeln garnieren.

GỎI TÔM – GARNELENSALAT

2 - 4 Port.

20 Min.

Leicht

Zutaten

500 g Garnelen, geschält und entdarmt
1 große Karotte, geschält und geraspelt
½ kleine weiße Zwiebel, in feine Scheiben geschnitten
20 g gehackte Minze
20 g gehackter Koriander
20 g gehacktes Thai-Basilikum
50 g geröstete Erdnüsse, gehackt
100 g geröstete Reisnudeln, zerbrochen
50 ml Limettensaft
2 EL Fischsauce
1 EL Zucker
1 Knoblauchzehe, gehackt
1–2 rote Chilischoten, gehackt (je nach gewünschter Schärfe)
Salz und Pfeffer nach Geschmack

Nährwerte p. P.

238 kcal
15 g Kohlenhydrate
10 g Fett
23 g Eiweiß

1 Um einen leckeren Gỏi Tôm zu machen, sollten Sie zuerst die Garnelen in kochendem Wasser blanchieren, bis sie gar sind. Danach sollten Sie sie abtropfen und abkühlen lassen. Raspeln Sie die Karotte und schneiden Sie die Zwiebel in feine Scheiben.

2 Hacken Sie auch Minze, Koriander und Basilikum. In einer großen Schüssel sollten Sie Limettensaft, Fischsauce, Zucker, Knoblauch und Chili vermengen und mit Salz und Pfeffer abschmecken.

3 Geben Sie dann die Garnelen, Karottenraspel, Zwiebeln, gehackten Kräuter und Erdnüsse in die Schüssel und vermengen alles gut.

4 Zum Schluss sollten Sie den Gỏi Tôm auf einer Servierplatte anrichten und mit gerösteten Reisnudeln garnieren.

BÚN BÒ NAM BỘ – REISNUDEL-RINDFLEISCH-SALAT

 4 Port.  40 Min.  Leicht

Zutaten

200 g Rindfleisch, in dünne Streifen geschnitten
200 g Reisnudeln
50 g Sojasprossen
50 g Gurkenscheiben
100 g Karottenscheiben
50 g gehackte Erdnüsse
20 g gehackter Koriander
2 Knoblauchzehen, fein gehackt
2 EL Fischsauce
2 EL Limettensaft
1 EL Zucker
1 EL Pflanzenöl
¼ TL schwarzer Pfeffer

Nährwerte p. P.

528 kcal
67 g Kohlenhydrate
17 g Fett
26 g Eiweiß

1 Um Bun Bo Nam Bo zuzubereiten, müssen Sie zunächst die Reisnudeln einweichen und kochen, dann abtropfen lassen.

2 In der Zwischenzeit braten Sie das Rindfleisch in einer Pfanne mit heißem Pflanzenöl an, bis es braun und knusprig ist. Fügen Sie dann die Knoblauchzehen hinzu und braten Sie sie kurz an, bevor Sie die Pfanne vom Herd nehmen.

3 Geben Sie Sojasprossen, Gurken- und Karottenscheiben in eine Schüssel und vermengen Sie sie. Verteilen Sie die gekochten Reisnudeln auf der Gemüsemischung und geben Sie das angebratene Rindfleisch darüber.

4 Vermengen Sie in einer kleinen Schüssel Fischsauce, Limettensaft, Zucker und Pfeffer und gießen Sie die Mischung über die Nudeln.

5 Garnieren Sie das Gericht mit gehackten Erdnüssen und Koriander und servieren Sie es warm.

GỎI RAU MUONG – WASSERSPINAT-SALAT MIT GARNELEN

4 Port.

20 Min.

Leicht

Zutaten

250 g Wasserspinat
15 g gehackte Minze
50 g gehackter Koriander
50 g gehackte Schalotten
50 g geröstete Erdnüsse
100 g getrocknete Garnelen (optional)
2 EL Fischsauce
2 EL Limettensaft
1 EL Zucker
2 Knoblauchzehen, gehackt
1–2 rote Chilischoten, gehackt (optional)

Nährwerte p. P.

177 kcal
14 g Kohlenhydrate
10 g Fett
10 g Eiweiß

1 Sie sollten zuerst die Wasserspinatblätter waschen und in mundgerechte Stücke schneiden. Danach fügen Sie die gehackte Minze, Koriander und Schalotten zum Wasserspinat hinzu und vermischen alles gut.

2 Anschließend sollten Sie die gerösteten Erdnüsse und getrockneten Garnelen (wenn verwendet) hinzufügen und nochmals vermischen. In einer kleinen Schüssel können Sie dann die Fischsauce, Limettensaft, Zucker, Knoblauch und Chili (optional) vermischen, bis sich der Zucker aufgelöst hat. Das Dressing sollte dann über den Salat gegossen und alles gut vermischt werden.

3 Servieren Sie den Salat auf grünen Salatblättern.

Suppen & Eintöpfe

PHỞ BÒ HÀ NỘI – TRADITIONELLE NUDELSUPPE

4 Port.

30 Min.

Leicht

Zutaten

2 Liter Wasser
500 g Rinderfilet oder Brustkern
1 Zwiebel, halbiert
3 Zimtstangen
3 Sternanis
3 Nelken
2 Kardamomkapseln
1 EL Fenchelsamen
1 Stück Ingwer (ca. 5 cm), in Scheiben geschnitten
2 EL Fischsauce
1 EL brauner Zucker
Salz und Pfeffer
500 g Phở-Nudeln
Frühlingszwiebeln, Koriander, Thai-Basilikum und Limettenschnitze zum Garnieren

Nährwerte p. P.

ca. 550 kcal
ca. 70 g Kohlenhydrate
ca. 8 g Fett
ca. 39 g Eiweiß
ca.

1 Sie können das Wasser in einem großen Topf zum Kochen bringen und dann Rinderfilet oder Brustkern hinzufügen. Lassen Sie es für 10-15 Minuten kochen, um die Oberfläche von Unreinheiten zu entfernen. Danach nehmen Sie das Fleisch heraus und stellen es beiseite.

2 Geben Sie die Zwiebelhälften in eine trockene Pfanne und rösten Sie sie auf mittlerer Hitze, bis sie schwarz sind. Dann fügen Sie sie in den Topf hinzu.

3 In die Pfanne geben Sie die Zimtstangen, Sternanis, Nelken, Kardamomkapseln und Fenchelsamen und rösten sie, bis sie duften. Fügen Sie sie dann in den Topf hinzu.

4 Geben Sie den Ingwer, Fischsauce und braunen Zucker in den Topf und rühren Sie um. Fügen Sie das Fleisch wieder hinzu und bringen Sie alles zum Kochen. Reduzieren Sie dann die Hitze und lassen Sie die Suppe für 1–2 Stunden köcheln. Schäumen Sie gelegentlich ab und achten Sie darauf, dass genug Wasser in der Suppe bleibt.

5 Kochen Sie die Phở-Nudeln nach Packungsanweisung und lassen Sie sie abtropfen.

6 Nehmen Sie das Fleisch aus der Suppe und schneiden Sie es in dünne Scheiben. Entfernen Sie die Gewürze und Zwiebelhälften aus der Suppe und schmecken Sie die Suppe mit Salz und Pfeffer ab.

7 Teilen Sie die Phở-Nudeln in Schüsseln auf und legen Sie das Fleisch darauf. Gießen Sie dann die heiße Suppe darüber.

8 Garnieren Sie die Suppe mit Frühlingszwiebeln, Koriander, Thai-Basilikum und Limettenschnitzen und servieren Sie sie.

Hello Vietnam

CÁCH NẤU CHÁO THỊT BẰM – HACKFLEISCH-REISSUPPE

4 Port.

40 Min.

Leicht

Zutaten

350 g Jasminreis
1 Liter Wasser
1 EL Öl
2 Knoblauchzehen, fein gehackt
1 kleine Zwiebel, fein gehackt
500 g Schweinehackfleisch
1 TL Salz
½ TL Pfeffer
4 Eier
Frühlingszwiebeln und Koriander zum Garnieren

Nährwerte p. P.

415 kcal
43 g Kohlenhydrate
16 g Fett
24 g Eiweiß

1 Waschen Sie den Reis gründlich und lassen Sie ihn abtropfen. Geben Sie den Reis und 1 Liter in einen Topf und bringen Sie es zum Kochen. Reduzieren Sie die Hitze und lassen Sie den Reis zugedeckt für 20-25 Minuten köcheln, bis er weich und breiig wird.

2 Währenddessen erhitzen Sie das Öl in einer Pfanne bei mittlerer Hitze. Geben Sie den Knoblauch und die Zwiebel hinzu und braten Sie sie für 2–3 Minuten an, bis sie weich sind.

3 Fügen Sie das Schweinehackfleisch, Salz und Pfeffer hinzu und braten Sie es für weitere 5–7 Minuten, bis es braun und durchgekocht ist.

4 Schlagen Sie die Eier in eine Schüssel und verquirlen Sie sie gut.

5 Sobald der Reis breiig ist, geben Sie das Schweinehackfleisch hinzu und rühren es gut um. Gießen Sie dann langsam die verquirlten Eier in den Topf und rühren Sie ständig, um sicherzustellen, dass sie gleichmäßig im Brei verteilt sind. Lassen Sie alles für weitere 2–3 Minuten köcheln, bis die Eier gestockt sind und die Suppe die gewünschte Konsistenz hat.

6 Servieren Sie die Chao Thit Bam in Schüsseln und garnieren Sie sie mit gehacktem Koriander und Frühlingszwiebeln.

CÁ KHO TỘ – REIS-SCHMORTOPF MIT FISCH

4 Port.

20 Min.

Leicht

Zutaten

500 g festfleischigen Fisch (z. B. Kabeljau, Wels), in 3–4 cm große Stücke geschnitten
2 EL Zucker
1 EL Fischsauce
2 Knoblauchzehen, fein gehackt
1 kleine Zwiebel, fein gehackt
1 TL gemahlener schwarzer Pfeffer
1 TL Paprikapulver
2 EL Öl
1 Tasse Wasser
Frühlingszwiebeln zum Garnieren

Nährwerte p. P.

320 kcal
11 g Kohlenhydrate
18 g Fett
25 g Eiweiß

1 Erhitzen Sie das Öl in einer Pfanne bei mittlerer Hitze. Geben Sie den Knoblauch und die Zwiebel hinzu und braten Sie sie für 2–3 Minuten an, bis sie weich sind.

2 Geben Sie den Zucker hinzu und rühren Sie ständig, bis er geschmolzen und karamellisiert ist.

3 Fügen Sie die Fischsauce, den schwarzen Pfeffer und das Paprikapulver hinzu und rühren Sie alles gut um.

4 Legen Sie die Fischstücke in die Pfanne und braten Sie sie für 1–2 Minuten pro Seite an, bis sie leicht gebräunt sind.

5 Geben Sie das Wasser hinzu und bringen Sie es zum Kochen. Reduzieren Sie die Hitze auf mittlere Stufe und lassen Sie alles für 10–15 Minuten köcheln, bis der Fisch gar und die Sauce eingedickt ist.

6 Garnieren Sie das Gericht mit gehackten Frühlingszwiebeln und servieren Sie es mit Reis.

LẨU – VIETNAMESISCHER FEUERTOPF

4 Port. 20 Min. Leicht

Zutaten

500 g Rindfleisch (in dünne Scheiben geschnitten)
500 g Meeresfrüchte (z. B. Garnelen, Muscheln, Tintenfisch)
1 Bund Pak Choi (in Stücke geschnitten)
1 Bund Frühlingszwiebeln (in Ringe geschnitten)
1 Zwiebel (in Scheiben geschnitten)
3 Knoblauchzehen (gehackt)
1 Stück Ingwer (in dünne Scheiben geschnitten)
1 Chili (gehackt)
2 EL Öl
2 Liter Wasser oder Brühe
1 EL Fischsauce
1 EL Sojasauce
Salz und Pfeffer
Garnitur: Korianderblätter, Limettenkeile

Nährwerte p. P.

289 kcal
10,3 g Kohlenhydrate
10,6 g Fett
36,8 g Eiweiß

1 Bitte beachten Sie, dass Sie vor Beginn der Zubereitung des Gerichts das Gemüse und die Meeresfrüchte waschen und vorbereiten sollten. Anschließend können Sie das Öl in einem Topf oder einem Lau-Grill erhitzen und die Zwiebeln, Knoblauch, Ingwer und Chili darin anbraten.

2 Danach können Sie das Rindfleisch hinzufügen und für 1–2 Minuten braten, bis es leicht gebräunt ist. Gießen Sie dann das Wasser oder die Brühe in den Topf und bringen Sie es zum Kochen. Fügen Sie die Fischsauce und Sojasauce hinzu und schmecken Sie mit Salz und Pfeffer ab.

3 Geben Sie nun das vorbereitete Gemüse und die Meeresfrüchte in den Topf und kochen Sie alles für weitere 3–5 Minuten, bis es gar ist.

4 Servieren Sie den Lau in einer Schüssel und garnieren Sie ihn mit Korianderblättern und Limettenkeilen.

BÁNH CANH – SUPPE MIT SELBSTGEMACHTEN NUDELN

2 - 4 Port.

50 Min.

Leicht

Zutaten

500 g Reismehl
200-300 ml
3-4 Liter Wasser
500 g Schweinefleisch (in Scheiben geschnitten)
500 g Garnelen (geschält und entdarmt)
2 Zwiebeln (fein gehackt)
4 Knoblauchzehen (fein gehackt)
1 EL Fischsauce
Salz und Pfeffer
2 EL Öl
Frühlingszwiebeln und Korianderblätter zum Garnieren

Nährwerte p. P.

540 kcal
65 g Kohlenhydrate
16 g Fett
33 g Eiweiß

1 Geben Sie das Reismehl in eine große Schüssel und gießen Sie langsam Wasser (etwa 200 ml) dazu, während Sie das Mehl mit einem Löffel oder den Händen kneten, bis ein weicher Teig entsteht (sollte nicht zu klebrig sein, wie ein normaler Nudelteig).

2 Bringen Sie einen großen Topf mit Wasser (etwa 1 Liter) zum Kochen. Formen Sie den Teig zu kleinen Nudeln (ca. 1 cm dick) und geben Sie sie in das kochende Wasser. Kochen Sie sie für ca. 10–15 Minuten, bis sie gar sind. Lassen Sie sie dann in einem Sieb abtropfen.

3 In einer Pfanne das Öl erhitzen und die Zwiebeln, Knoblauch und das Schweinefleisch anbraten, bis das Fleisch goldbraun ist. Geben Sie dann die Garnelen dazu und braten Sie alles für weitere 2–3 Minuten.

4 Gießen Sie 2–3 Liter Wasser in einen großen Topf und bringen Sie es zum Kochen. Geben Sie das gebratene Fleisch und die Garnelen in den Topf. Fügen Sie Fischsauce, Salz und Pfeffer hinzu und rühren Sie alles um. Lassen Sie die Suppe für ca. 15 Minuten köcheln

5 Servieren Sie die Bánh Canh in einer Schüssel und garnieren Sie sie mit Frühlingszwiebeln und Korianderblättern.

BÚN BÒ HUẾ – AROMATISCHER RINDFLEISCH-EINTOPF

4 Port. | 3 Std. 30 Min. | Leicht

Zutaten

500 g Rinderfleisch, in dünne Scheiben geschnitten
500 g Rinderknochen
1 Zwiebel, halbiert
2 Zitronengrasstängel, zerkleinert
1 EL Garnelenpaste
2 EL Fischsauce
2 EL Zucker
2 EL Pflanzenöl
2 Liter Wasser
500 g Reisnudeln
100 g Bohnensprossen
50 g gehackter Kohl
50 g Thai-Basilikum
50 g Koriander
1 Limette, in Keile geschnitten
1–2 Chilischoten, in Ringe geschnitten
Salz und Pfeffer nach Geschmack

Nährwerte p. P.

594 kcal
68 g Kohlenhydrate
18 g Fett
38 g Eiweiß

1 Bringen Sie die Rinderknochen in einem Topf mit Wasser zum Kochen und lassen Sie sie 5 Minuten kochen, um das Blut und den Schmutz aus den Knochen zu entfernen. Lassen Sie die Knochen abtropfen und stellen Sie sie beiseite.

2 Erhitzen Sie das Öl in einem großen Topf und fügen Sie die Zwiebel- und Zitronengrasstücke hinzu. Braten Sie sie unter ständigem Rühren, bis die Zwiebeln leicht gebräunt sind.

3 Fügen Sie das Rinderfleisch und die Garnelenpaste hinzu und braten Sie sie 3–5 Minuten lang, bis das Fleisch braun ist.

4 Geben Sie die Rinderknochen in den Topf und fügen Sie 2 Liter Wasser hinzu. Bringen Sie es zum Kochen und reduzieren Sie dann die Hitze und lassen Sie es köcheln, bis das Fleisch und die Knochen gar sind (ca. 2-3 Stunden).

5 Schmecken Sie die Brühe ab und würzen Sie sie nach Geschmack mit Fischsauce, Zucker, Salz und Pfeffer.

6 Geben Sie die Reisnudeln in eine Schüssel und gießen Sie kochendes Wasser darüber. Lassen Sie sie 2–3 Minuten einweichen und gießen Sie dann das Wasser ab.

7 Verteilen Sie die Nudeln in Schüsseln und legen Sie das gekochte Fleisch und die Knochen darauf.

8 Gießen Sie die Brühe über die Nudeln und garnieren Sie sie mit Bohnensprossen, Kohl, Thai-Basilikum und Koriander. Fügen Sie ein paar Chiliringe hinzu.

9 Servieren Sie das Gericht mit Limettenkeilen.

Rezepte mit Fleisch

BÁNH XÈO – DEFTIGE CRÊPES MIT FLEISCHFÜLLUNG

4 Port.

50 Min.

Leicht

Zutaten

Für den Teig
200 g Reismehl
1 TL Kurkuma
1 TL Salz
500 ml Kokosmilch
200 ml Wasser
1 EL Pflanzenöl

Für die Füllung
200 g Schweinefleisch, in dünne Scheiben geschnitten
200 g Garnelen, geschält und entdarmt
1 Zwiebel, in dünne Ringe geschnitten
1 Karotte, in feine Streifen geschnitten
100 g Bohnensprossen
4 EL Öl
Salz und Pfeffer nach Geschmack
frischer Koriander

Für die Dip-Sauce
4 EL Fischsauce
2 EL Limettensaft
2 TL Zucker
1 Knoblauchzehe, gehackt
1 kleine rote Chili, gehackt

Nährwerte p. P.

418 kcal
44 g Kohlenhydrate
18 g Fett
20 g Eiweiß

1 Für den Teig sollten Sie zuerst Reismehl, Kurkuma und Salz in einer Schüssel vermischen. Geben Sie nun Kokosmilch und Wasser hinzu und rühren Sie ständig, bis ein glatter Teig entsteht. Fügen Sie das Öl hinzu und lassen Sie den Teig für 30 Minuten ruhen.

2 In der Zwischenzeit würzen Sie das Schweinefleisch und die Garnelen mit Salz und Pfeffer. Erhitzen Sie das Öl in einer Pfanne und braten Sie die Zwiebeln, Karotten und Bohnensprossen an. Fügen Sie das Fleisch und die Garnelen hinzu und braten Sie alles, bis es gar ist. Stellen Sie die Füllung beiseite.

3 Für die Dip-Sauce sollten Sie Fischsauce, Limettensaft und Zucker in einer Schüssel verrühren, bis sich der Zucker aufgelöst hat. Geben Sie Knoblauch und Chili hinzu und rühren Sie um.

4 Erwärmen Sie eine antihaftbeschichtete Pfanne bei mittlerer Hitze. Geben Sie etwas Teig in die Pfanne und schwenken Sie diese, damit der Teig den Boden bedeckt. Braten Sie die Crêpes 2–3 Minuten, bis sie goldbraun und knusprig sind.

5 Verteilen Sie die Füllung auf einer Hälfte der Crêpes und streuen Sie Korianderblätter darüber. Klappen Sie die andere Hälfte darüber und geben Sie die Crêpes auf einen Teller.

6 Servieren Sie mit der Dip-Sauce.

BÁNH BAO – TEIGTASCHEN

 2 - 4 Port.

 30 Min.

 Leicht

Zutaten

450 g Mehl
1 TL Trockenhefe
2 TL Zucker
½ TL Salz
240 ml warme Milch
1 EL Pflanzenöl
1 EL Reismehl

Für die Füllung
450 g Schweinefleisch, gewürfelt
2 Knoblauchzehen, gehackt
1 Zwiebel, gewürfelt
1 EL Pflanzenöl
2 EL Sojasauce
2 EL Austernsauce
2 EL Zucker
1 TL Salz
½ TL Pfeffer
1 EL Maisstärke
1 EL Wasser

Nährwerte p. P.

322 kcal
44 g Kohlenhydrate
9 g Fett
14 g Eiweiß

1 Füllen Sie das Mehl, die Trockenhefe, den Zucker und das Salz in eine Schüssel und vermischen Sie alles. Geben Sie langsam die warme Milch hinzu und kneten Sie, bis ein weicher Teig entsteht. Fügen Sie das Pflanzenöl hinzu und kneten Sie weiter, bis der Teig glatt und geschmeidig ist.

2 Legen Sie den Teig in eine saubere Schüssel und decken Sie ihn ab. Lassen Sie ihn an einem warmen Ort 1 Stunde lang ruhen, bis er auf das Doppelte aufgeht.

3 Für die Füllung braten Sie das Schweinefleisch in Pflanzenöl in einer Pfanne oder einem Wok bei mittlerer Hitze, bis es durchgegart ist. Fügen Sie Zwiebeln und Knoblauch hinzu und braten Sie sie 1 Minute lang an.

4 Fügen Sie Sojasauce, Austernsauce, Zucker, Salz und Pfeffer hinzu und vermischen Sie alles gut.

5 In einer kleinen Schüssel vermischen Sie Maisstärke und Wasser, um eine Paste zu bilden. Geben Sie diese Mischung in die Pfanne und rühren Sie um, bis die Füllung eingedickt ist. Nehmen Sie die Pfanne vom Herd und lassen Sie die Füllung abkühlen.

6 Legen Sie den Teig auf eine leicht bemehlte Arbeitsfläche und teilen Sie ihn in 12 gleich große Stücke. Drücken Sie jedes Stück flach und rollen Sie es mit einem Nudelholz zu einem Kreis von ca. 10 cm Durchmesser aus.

7 Geben Sie 1–2 Esslöffel Füllung in die Mitte jedes Kreises. Ziehen Sie die Kanten des Teigs nach oben und drücken Sie sie oben zusammen, um ein geschlossenes Brötchen zu bilden.

8 Legen Sie jedes Brötchen auf ein Stück Pergamentpapier und dämpfen Sie sie in einem gedämpften Bambuskorb 15–20 Minuten lang, bis sie aufgegangen und durchgegart sind.

9 Bestreuen Sie sie mit Reismehl und servieren Sie sie.

BÁNH ƯỚT THỊT NƯỚNG – REISPANCAKES MIT GEGRILLTER FLEISCHFÜLLUNG

4 Port.

1 Std.

Leicht

Zutaten

Für das Schweinefleisch
450 g Schweinefleisch, in dünne Scheiben geschnitten
1 Knoblauchzehe, gehackt
2 EL Fischsauce
2 EL Zucker
1 EL Pflanzenöl

Für die Reisnudelrollen
250 g Reismehl
1 TL Salz
500 ml Wasser
Pflanzenöl zum Braten
Frühlingszwiebeln und Koriander zum Garnieren

Für die Dip-Sauce
3 EL Fischsauce
3 EL Zucker
3 EL Limettensaft
1 Knoblauchzehe, gehackt
1 kleine rote Chili, gehackt

Nährwerte p. P.

398 kcal
40 g Kohlenhydrate
13 g Fett
26 g Eiweiß

1 Marinieren Sie zuerst das Schweinefleisch mit Knoblauch, Fischsauce, Zucker und Pflanzenöl und lassen Sie es mindestens 30 Minuten im Kühlschrank ziehen. Danach eine flache antihaftbeschichtete Pfanne bei mittlerer Hitze erwärmen und das Schweinefleisch in der Pfanne ca. 5–7 Minuten auf beiden Seiten braten, bis es durchgegart und leicht gebräunt ist. Beiseitestellen.

2 Für die Reisnudelrollen das Reismehl und Salz in einer Schüssel vermengen und Wasser hinzufügen. Gut verrühren, bis ein glatter Teig entsteht. Eine flache Pfanne mit Pflanzenöl bestreichen und bei mittlerer Hitze erwärmen. Eine dünne Schicht des Teigs in die Pfanne geben und die Pfanne schwenken, damit der Teig den Boden bedeckt. Den Teig ca. 1–2 Minuten braten, bis er fest wird. Mit einem Spatel aus der Pfanne nehmen und auf einen Teller legen. Mit dem restlichen Teig ebenso verfahren, bis der Teig aufgebraucht ist. Die Reisnudelrollen jeweils in der Mitte falten und dann wieder in der Mitte falten, um kleine Rechtecke zu bilden.

3 Die Reisnudelrollen auf Teller verteilen und das gegrillte Schweinefleisch darauf anrichten. Mit Frühlingszwiebeln und Koriander garnieren.

4 Für die Dip-Sauce Fischsauce, Zucker und Limettensaft in einer Schüssel verrühren, bis sich der Zucker aufgelöst hat. Knoblauch und Chili hinzufügen und umrühren. Die Dip-Sauce zu den Reisnudelrollen servieren.

VỊT NƯỚNG – KNUSPRIGER ENTENBRATEN

4 Port.

2 Std. 30 Min.

Leicht

Zutaten

1 Ente (ca. 2 kg)
2 EL Fünf-Gewürze-Pulver
1 EL Salz
1 EL brauner Zucker
2 EL Sojasauce
2 EL Shaoxing-Reiswein
2 Knoblauchzehen, gehackt
1 daumengroßes Stück Ingwer, gehackt
2 Frühlingszwiebeln, gehackt
2 Sternanis
1 Zimtstange
500 ml Wasser

Nährwerte p. P.

553 kcal
6 g Kohlenhydrate
36 g Fett
48 g Eiweiß

1 Bitte waschen Sie die Ente innen und außen gründlich und tupfen Sie sie anschließend trocken. Vermengen Sie das Fünf-Gewürze-Pulver, Salz, braunen Zucker, Sojasauce, Shaoxing-Reiswein, Knoblauch, Ingwer und Frühlingszwiebeln in einer Schüssel und reiben Sie die Ente damit von innen und außen ein. Legen Sie die Ente in eine große Schüssel und marinieren Sie sie im Kühlschrank für mindestens 2 Stunden oder über Nacht.

2 Heizen Sie den Backofen auf 180 °C Ober-/ Unterhitze vor. Nehmen Sie die Ente aus der Marinade und lassen Sie die überschüssige Marinade abtropfen. Legen Sie die Ente auf ein Backblech und stecken Sie Sternanis und Zimtstange in die Bauchhöhle. Geben Sie Wasser in eine Schüssel und stellen Sie diese auf den Boden des Backofens. Schieben Sie die Ente in den Ofen und braten Sie sie für 1,5–2 Stunden, bis sie goldbraun und knusprig ist.

3 Nehmen Sie die Ente aus dem Ofen und lassen Sie sie vor dem Servieren 10 Minuten ruhen. Schneiden Sie sie in Stücke und richten Sie sie auf einem Teller an.

BÁNH TRÁNG NƯỚNG – VIETNAMESISCHE PIZZA

4 Port. | 2 Std. 30 Min. | Leicht

Zutaten

8 Reispapierblätter
100 g Garnelen
100 g Schweinehackfleisch
1 Ei
½ Tasse Kokosmilch
¼ Tasse Frühlingszwiebeln, fein gehackt
2 EL Koriander, fein gehackt
1 Knoblauchzehe, fein gehackt
1 EL Fischsauce
1 TL Zucker
1 TL Pflanzenöl

Nährwerte p. P.

162 kcal
11 g Kohlenhydrate
8 g Fett
10 g Eiweiß

1 Bitte heizen Sie den Ofen auf 180 °C Umluft vor.

2 Schälen Sie die Garnelen und hacken Sie sie fein.

3 Braten Sie das Schweinehackfleisch in einer Pfanne bei mittlerer Hitze durch und fügen Sie dann das Ei hinzu. Vermengen Sie die Mischung gut.

4 Geben Sie die Kokosmilch, Frühlingszwiebeln, Koriander, Knoblauch, Fischsauce, Zucker und Pflanzenöl in eine Schüssel und vermengen Sie alles gut.

5 Weichen Sie die Reispapierblätter in warmem Wasser ein, bis sie weich sind.

6 Geben Sie die Garnelen und die Kokosmilch-Mischung zur Hackfleisch-Ei-Mischung und vermengen Sie alles gut.

7 Bestreichen Sie ein Backblech mit Pflanzenöl.

8 Legen Sie die Reispapierblätter auf das Backblech und verteilen Sie die Hackfleisch-Garnelen-Mischung darauf.

9 Schieben Sie das Backblech in den Ofen und backen Sie die Bánh Trang Nuong für 15–20 Minuten, bis sie knusprig und goldbraun sind.

10 Nehmen Sie die Bánh Trang Nuong aus dem Ofen und schneiden Sie sie in Stücke. Servieren Sie sie mit Sojasauce oder einer Dip-Sauce Ihrer Wahl.

BÚN CHẢ – TRADITIONELLES STREETFOOD

2 - 4 Port.

25 Min.

Leicht

Zutaten

400 g Schweinehackfleisch
2 EL Fischsauce
1 EL Zucker
3 Knoblauchzehen, gehackt
1 Schalotte, gehackt
¼ TL schwarzer Pfeffer
2 EL Pflanzenöl
200 g Reisnudeln
1 Salatgurke, in dünne Scheiben geschnitten
1 Handvoll Reisblätter
1 Handvoll frische Minzblätter
1 Handvoll frische Korianderblätter
1 Handvoll Sojabohnensprossen
2 Limetten, geviertelt
1 rote Chilischote, in Ringe geschnitten
1 grüne Chilischote, in Ringe geschnitten

Nährwerte p. P.

472 kcal
57 g Kohlenhydrate
14 g Fett
25 g Eiweiß

1 Für das Bun Cha nehmen Sie bitte das Schweinehackfleisch und vermengen es mit Fischsauce, Zucker, Knoblauch, Schalotte und schwarzem Pfeffer in einer Schüssel. Formen Sie daraus kleine Bällchen und braten Sie sie in einer Pfanne mit heißem Pflanzenöl an, bis sie goldbraun sind.

2 Bringen Sie anschließend in einem großen Topf Wasser zum Kochen und kochen Sie die Reisnudeln darin etwa 3–4 Minuten, bis sie weich sind. Anschließend sollten Sie sie abgießen und kalt abspülen.

3 Weichen Sie die Reisblätter in einer Schüssel mit warmem Wasser ein, bis sie weich sind. Verteilen Sie die Reisnudeln, Gurkenscheiben, Sojabohnensprossen und Kräuter auf vier Teller.

4 Stecken Sie die gegrillten Schweinebällchen auf Spieße und legen Sie sie auf die Teller. Arrangieren Sie die weichen Reisblätter auf einem weiteren Teller.

5 Servieren Sie das Bun Cha, indem Sie die Spieße und Reisblätter mit Limetten, Chilischoten und der Fischsauce servieren. Legen Sie die Zutaten nach Belieben auf die Reisblätter und falten Sie sie zu kleinen Päckchen.

PHỞ XÀO GÀ – REISNUDELPFANNE MIT HÜHNCHEN

2 Port.

25 Min.

Leicht

Zutaten

200 g Reisnudeln
2 EL Öl
2 Knoblauchzehen, gehackt
1 Zwiebel, gehackt
400 g Hühnerbrust, in Streifen geschnitten
150 g Karotten, in dünnen Scheiben
150 g Paprika, in dünnen Streifen
100 g Bohnensprossen
1 EL Fischsauce
1 EL Sojasauce
1 TL Zucker
50 g gehackte Erdnüsse
frische Korianderblätter zur Garnierung
Limettenspalten zum Servieren

Nährwerte p. P.

410 kcal
49 g Kohlenhydrate
12 g Fett
27 g Eiweiß

1 Sie beginnen damit, die Reisnudeln in einer Schüssel mit kochendem Wasser zu übergießen und für 5 Minuten weich ziehen zu lassen. Anschließend gießen Sie das Wasser ab und stellen die Nudeln beiseite.

2 In einer Pfanne oder einem Wok erhitzen Sie das Öl und braten Knoblauch und Zwiebel darin an, bis sie duften. Fügen Sie die Hühnerstreifen hinzu und braten Sie sie, bis sie durchgegart sind. Danach geben Sie Karotten, Paprika und Bohnensprossen hinzu und braten alles für 2–3 Minuten weiter, bis das Gemüse weich wird.

3 Geben Sie nun Fischsauce, Sojasauce und Zucker in die Pfanne und rühren Sie alles gut um, bis die Sauce die Zutaten vollständig bedeckt. Fügen Sie die gekochten Reisnudeln hinzu und rühren Sie erneut, bis sie gleichmäßig mit den anderen Zutaten bedeckt sind. Geben Sie zuletzt die gehackten Erdnüsse hinzu und rühren Sie alles gut um, damit sie sich gleichmäßig verteilen.

4 Als Garnitur für das Gericht verwenden Sie frische Korianderblätter und servieren es mit Limettenspalten.

GÀ XÀO SẢ ỚT – GEBRATENES HÄHNCHEN MIT CHILI UND ZITRONENGRAS

2 Port.

25 Min.

Leicht

Zutaten

500 g Hühnerfleisch, in mundgerechte Stücke geschnitten
2 Stangen Zitronengras, gehackt
2 Knoblauchzehen, gehackt
1–2 rote Chilischoten, gehackt
2 EL Fischsauce
1 EL Sojasauce
1 EL Zucker
2 EL Öl
Frühlingszwiebeln und Koriander zum Garnieren

Nährwerte p. P.

280 kcal
6 g Kohlenhydrate
14 g Fett
32 g Eiweiß

1 Sobald Sie bereit sind, das Hühnerfleisch für Gà Xào Sả Ớt zuzubereiten, folgen Sie diesen Schritten:

2 Sie beginnen damit, das Hühnerfleisch in eine Schüssel zu geben und mit Fischsauce, Sojasauce und Zucker zu marinieren. Stellen Sie die Schüssel beiseite, damit das Huhn den Geschmack der Marinade aufnehmen kann.

3 Erhitzen Sie Öl in einer Pfanne oder einem Wok bei mittlerer Hitze.

4 Fügen Sie das gehackte Zitronengras, Knoblauch und Chili hinzu und braten Sie es für etwa 1 Minute an, bis der Duft freigesetzt wird.

5 Geben Sie das marinierte Hühnerfleisch in die Pfanne und braten Sie es für ca. 5-7 Minuten, bis es durchgegart ist.

6 Garnieren Sie das gebratene Hühnerfleisch mit gehackten Frühlingszwiebeln und Korianderblättern und servieren Sie es mit Reis oder Gemüse.

BÒ XÀO SẢ ỚT – ZITRONENGRAS-RINDFLEISCH

4 Port.

20 Min.

Leicht

Zutaten

500 g Rindfleisch (z. B. Rumpsteak)
2 Stängel Zitronengras
2 Knoblauchzehen
2 Schalotten
1 rote Chili
2 EL Fischsauce
2 EL Sojasauce
1 EL Zucker
2 EL Öl
frischer Koriander zum Garnieren

Nährwerte p. P.

ca. 310 kcal
ca. 6 g Kohlenhydrate
ca. 18 g Fett
ca. 30 g Eiweiß

1 Schneiden Sie das Rindfleisch in dünne Streifen.

2 Schneiden Sie das Zitronengras in feine Ringe, hacken Sie den Knoblauch und die Schalotten fein und schneiden Sie die Chili in dünne Ringe.

3 Vermischen Sie in einer Schüssel Fischsauce, Sojasauce und Zucker, bis sich der Zucker vollständig aufgelöst hat.

4 Erhitzen Sie das Öl in einer Pfanne oder einem Wok und braten Sie das Rindfleisch bei hoher Hitze kurz an, bis es braun ist.

5 Geben Sie Knoblauch, Schalotten, Chili und Zitronengras hinzu und braten Sie für weitere 2 Minuten.

6 Fügen Sie die Sauce hinzu und kochen Sie es für weitere 2–3 Minuten, bis das Fleisch vollständig gegart ist.

7 Richten Sie das Bo Xao Xa Ot auf Tellern an und garnieren Sie es mit frischem Koriander.

Rezepte mit Fisch & Meeresfrüchten

BÁNH BỘT LỌC – VIETNAMESISCHE RAVIOLI

 4 Port.
 30 Min.
 Leicht

Zutaten

200 g Garnelen, geschält und entdarmt
200 g Reismehl
50 g Stärke
1 TL Zucker
½ TL Salz (2x)
200 ml Wasser
½ Bund Frühlingszwiebeln, fein gehackt
2 EL Öl
¼ Tasse Sojasauce
1 EL Essig
1 EL Zucker
1 Knoblauchzehe, gehackt
½ TL Chili-Flocken

Nährwerte p. P.

283 kcal
47 g Kohlenhydrate
6 g Fett
9 g Eiweiß

1 Sie beginnen damit, die Garnelen in einer Schüssel mit ½ TL Salz zu marinieren und beiseitezustellen.

2 Für den Teig vermengen Sie Reismehl, Stärke, Zucker und Salz in einer Schüssel und geben nach und nach Wasser hinzu. Kneten Sie den Teig zu einer glatten Masse und lassen Sie ihn für 10 Minuten ruhen.

3 Schneiden Sie die Garnelen in kleine Stücke und vermengen Sie sie mit Frühlingszwiebeln.

4 Teilen Sie den Teig in kleine Stücke und drücken Sie jedes Stück flach. Geben Sie einen Teelöffel der Garnelen-Füllung auf die Mitte jedes Teigstücks und falten Sie den Teig um die Füllung herum, um eine Kugel zu formen.

5 Dämpfen Sie die Bánh bột lọc in einem Dämpfeinsatz für 10–12 Minuten, bis sie durchgegart sind.

6 Erhitzen Sie in einer Pfanne Öl und fügen Sie Knoblauch und Chili-Flocken hinzu. Geben Sie Sojasauce, Essig und Zucker hinzu und rühren Sie, bis sich der Zucker aufgelöst hat.

7 Anschließend richten Sie die Bánh bột lọc auf einem Teller an und übergießen sie mit der Sauce.

CÁ NƯỚNG CÀ RI – GEGRILLTER FISCH

4 Port.

20 Min.

Leicht

Zutaten

1 ganzer Fisch (z. B. Forelle oder Lachs), ausgenommen und geschuppt
2 Knoblauchzehen, gehackt
3 EL Curry
1 rote Chilischote, gehackt
1 EL Zucker
1 EL Fischsauce
1 EL Limettensaft
2 EL Pflanzenöl
Salz und Pfeffer nach Geschmack
Kräuter und Gemüse zum Servieren (z. B. Koriander, Minze, Basilikum, Gurken, Karotten)

Nährwerte p. P.

254 kcal
5,5 g Kohlenhydrate
15,7 g Fett
22,1 g Eiweiß

1 Sie können den Grill auf mittlere Hitze vorheizen. Währenddessen sollten Sie den Fisch innen und außen mit Salz und Pfeffer würzen. In einer Schüssel vermengen Sie Curry, Knoblauch, Chili, Zucker, Fischsauce, Limettensaft und Pflanzenöl.

2 Legen Sie den Fisch auf eine Grillschale oder Alufolie und bestreichen Sie ihn mit der Marinade. Grillen Sie den Fisch etwa 10–15 Minuten, bis er gar ist und eine goldbraune Kruste hat.

3 Zum Schluss können Sie den Fisch auf einer Servierplatte anrichten und mit Kräutern und Gemüse servieren.

CHẢ CÁ – FISCHBÄLLCHEN

4 Port.

30 Min.

Leicht

Zutaten

500 g fester Weißfisch (z. B. Kabeljau)
1 EL Kurkumapulver
1 EL Fischsauce
1 EL fein gehackter Knoblauch
1 TL Zucker
1 Bund Dill, fein gehackt
2 Frühlingszwiebeln, fein gehackt
1 rote Chili, entkernt und fein gehackt
2 EL Pflanzenöl

Nährwerte p. P.

194 kcal
4 g Kohlenhydrate
9 g Fett
23 g Eiweiß

1 Sie sollten den Fisch zuerst in etwa 2-3 cm dicke Stücke schneiden.

2 In einer Schüssel können Sie dann Kurkumapulver, Fischsauce, Knoblauch, Zucker, Dill, Frühlingszwiebeln und Chili vermengen.

3 Wenden Sie die Fischstücke in der Marinade und lassen Sie sie gut durchziehen.

4 Erhitzen Sie dann das Pflanzenöl in einer Pfanne und braten Sie die Fischstücke bei mittlerer Hitze an, bis sie goldbraun und knusprig sind.

5 Lassen Sie sie auf einem Küchenpapier abtropfen und servieren Sie sie anschließend.

CÀ RI CÁ – FISCH-CURRY

4 Port.

30 Min.

Leicht

Zutaten

500 g Fischfilet (z. B. Kabeljau, Pangasius)
2 EL Currypulver
1 Zwiebel, gehackt
2 Knoblauchzehen, gehackt
2 cm Ingwer, gehackt
1 Dose Kokosmilch (400 ml)
1 TL Fischsauce
1 TL Zucker
1 TL Salz
1 rote Paprika, in Streifen geschnitten
1 grüne Paprika, in Streifen geschnitten
1 Karotte, in Scheiben geschnitten
1 Handvoll Basilikumblätter
1 EL Sesamöl

Nährwerte p. P.

353 kcal
10 g Kohlenhydrate
23 g Fett
27 g Eiweiß

1 Schneiden Sie den Fisch in mundgerechte Stücke und bestreuen Sie ihn mit 1 EL Currypulver. Stellen Sie ihn beiseite.

2 Erhitzen Sie in einem Topf 1 EL Öl und braten Sie die Zwiebel, Knoblauch und Ingwer darin an, bis sie weich sind.

3 Fügen Sie das restliche Currypulver hinzu und braten Sie es 1 Minute lang an.

4 Geben Sie die Kokosmilch, Fischsauce, Zucker und Salz hinzu und rühren Sie gut um.

5 Fügen Sie die Paprika und Karotte hinzu und bringen Sie alles zum Kochen.

6 Geben Sie den Fisch vorsichtig in den Topf und lassen Sie ihn bei niedriger Hitze 8–10 Minuten köcheln, bis er gar ist.

7 Rühren Sie die Basilikumblätter unter und servieren Sie das Curry heiß, gerne mit Reis.

Vegetarische Gerichte

PHỞ CHAY – REISNUDEL-GEMÜSE-SUPPE

2 - 4 Port. | 25 Min. | Leicht

Zutaten

1 Zwiebel, geschält und geviertelt
5 Knoblauchzehen, geschält und halbiert
1 daumengroßes Stück Ingwer, geschält und in Scheiben geschnitten
2 Sternanis
1 Zimtstange
4 Nelken
1 EL Koriandersamen
4 Kardamomkapseln
8 Tassen Gemüsebrühe
1 EL Sojasauce
1 EL Zucker
300 g Reisnudeln
1 Pak Choi, in Stücke geschnitten
2 Karotten, in Julienne geschnitten
1 Tasse Bohnensprossen
¼ Tasse frischer Koriander
2 Limetten, in Keile geschnitten
Sriracha-Sauce nach Geschmack

Nährwerte p. P.

319 kcal
73 g Kohlenhydrate
1 g Fett
8 g Eiweiß

1 Um Phở Chay zuzubereiten, können Sie die Zwiebel, Knoblauch und Ingwer in einer Pfanne ohne Öl anrösten, bis sie leicht gebräunt sind. Danach können Sie Sternanis, Zimtstange, Nelken, Koriandersamen und Kardamomkapseln hinzufügen und weitere 2 Minuten rösten. Anschließend sollten Sie die gerösteten Gewürze in einen großen Topf geben und mit Gemüsebrühe bedecken. Fügen Sie die Sojasauce und den Zucker hinzu und bringen Sie die Brühe zum Kochen. Reduzieren Sie die Hitze und lassen Sie die Brühe 30 Minuten köcheln.

2 In einer separaten Schüssel können Sie die Reisnudeln mit kochendem Wasser übergießen und 5 Minuten ziehen lassen, bis sie weich sind. Gießen Sie das Wasser ab und stellen Sie die Reisnudeln beiseite.

3 Das Gemüse (Pak Choi, Karotten und Bohnensprossen) können Sie in die Brühe geben und weitere 5 Minuten köcheln lassen, bis es weich ist. Danach können Sie die Reisnudeln in Schalen aufteilen und mit der Brühe und dem Gemüse übergießen.

4 Zum Servieren können Sie frischen Koriander, Limettenkeile und Sriracha-Sauce hinzufügen.

ĐỒ CHUA – EINGELEGTES GEMÜSE

2 Port.

45 Min.

Leicht

Zutaten

2 Karotten
½ Weißkohl
1 TL Salz
2 EL Zucker
1 Tasse Wasser
1 Tasse Reisessig

Nährwerte p. P.

21 kcal
5 g Kohlenhydrate
0 g Fett
1 g Eiweiß

1 Sie können Do Chua einfach zu Hause herstellen, indem Sie folgende Schritte befolgen:

2 Schälen Sie zunächst die Karotten und schneiden Sie sie in dünne Streifen oder raspeln Sie sie. Schneiden Sie auch den Weißkohl in dünne Streifen. Geben Sie das Gemüse in eine Schüssel und bestreuen Sie es mit 1 TL Salz. Vermischen Sie das Gemüse gut und lassen Sie es etwa 30 Minuten stehen, bis es Wasser abgibt.

3 Spülen Sie das Gemüse gründlich mit Wasser ab und lassen Sie es abtropfen. In einem Topf bringen Sie Zucker, Reisessig und 1 Tasse Wasser auf mittlerer Hitze zum Kochen, bis sich der Zucker vollständig aufgelöst hat.

4 Geben Sie das Gemüse in ein Einmachglas oder einen anderen luftdichten Behälter und übergießen Sie es mit der Essig-Zucker-Lösung. Verschließen Sie das Glas und lassen Sie das Do Chua im Kühlschrank mindestens 2 Stunden oder über Nacht ziehen.

5 Do Chua hält sich im Kühlschrank etwa 2 Wochen.

Hello Vietnam

ĐẬU SỐT CÀ CHUA – TOMATEN-TOFU

2 Port.

20 Min.

Leicht

Zutaten

400 g Tofu, gewürfelt
2 Tomaten
1 Zwiebel
2 Knoblauchzehen
2 EL Öl
1 TL Zucker
Salz und Pfeffer nach Geschmack
optional: Chili und Koriander als Garnitur

Nährwerte p. P.

242 kcal
15 g Kohlenhydrate
16 g Fett
11 g Eiweiß

1 Waschen Sie die Tomaten und schneiden Sie sie in kleine Stücke. Schälen Sie die Zwiebel und den Knoblauch und schneiden Sie sie ebenfalls in kleine Stücke.

2 Erhitzen Sie das Öl in einer Pfanne und braten Sie die Zwiebel und den Knoblauch darin glasig an.

3 Geben Sie die Tomatenstücke hinzu und vermischen Sie alles gut. Würzen Sie mit Zucker, Salz und Pfeffer und lassen Sie die Mischung bei niedriger Hitze köcheln, bis die Tomaten weich sind und eine Soße gebildet haben.

4 Geben Sie den gewürfelten Tofu in die Pfanne und vermengen Sie sie gut mit der Tomatensoße, sodass sie vollständig bedeckt sind. Schmecken Sie bei Bedarf nochmals mit Salz und Pfeffer ab.

5 Optional können Sie noch klein gehackte Chili und Koriander als Garnitur hinzufügen.

6 Servieren Sie das Gericht heiß.

XÔI XÉO CHAY – REIS MIT TOFU UND PILZEN

2 - 4 Port.

30 Min.

Leicht

Zutaten

500 g klebriger Reis
200 g Tofu, gewürfelt
100 g Shiitake-Pilze, in Scheiben geschnitten
150 g getrocknete Sojabohnen
50 g geröstete Erdnüsse, grob gehackt
2 EL Sojasauce
1 EL brauner Zucker
2 Frühlingszwiebeln, in Ringe geschnitten
1 EL geröstetes Sesamöl
40 g Koriander, gehackt

Nährwerte p. P.

387 kcal
55 g Kohlenhydrate
11 g Fett
17 g Eiweiß

1 Sie können den Reis waschen und in einen Topf geben. Bedecken Sie ihn mit 3 Tassen Wasser und bringen Sie ihn zum Kochen. Reduzieren Sie die Hitze und lassen Sie den Reis 15 Minuten köcheln, bis er weich ist.

2 Währenddessen können Sie die getrockneten Sojabohnen in eine Schüssel geben und mit kochendem Wasser übergießen. Lassen Sie sie einweichen, bis sie weich sind.

3 Braten Sie den Tofu und die Shiitake-Pilze in einer Pfanne goldbraun an und würzen Sie sie mit Sojasauce und braunem Zucker.

4 Fügen Sie die eingeweichten Sojabohnen in die Pfanne hinzu und braten Sie sie weiter, bis sie warm sind.

5 Nehmen Sie den Reis vom Herd und rühren Sie das Sesamöl unter.

6 Geben Sie den Reis auf eine Servierplatte und verteilen Sie die Tofu-Pilz-Mischung darauf.

7 Bestreuen Sie alles mit gehackten Erdnüssen, Frühlingszwiebeln und Koriander.

8 Servieren Sie das Gericht heiß und genießen Sie es!

RAU MUỐNG XÀO TỎI – GEBRATENER WASSERSPINAT

5 Port.

20 Min.

Leicht

Zutaten

1 Bund Wasserspinat (Rau Muống)
3 Knoblauchzehen, gehackt
2 EL Pflanzenöl
1 TL Fischsauce (optional)
1 TL Sojasauce
1 TL Zucker
1 Prise Salz
1 Prise Pfeffer

Nährwerte p. P.

60 kcal
4 g Kohlenhydrate
5 g Fett
2 g Eiweiß

1 Waschen Sie den Wasserspinat gründlich und schneiden Sie ihn in mundgerechte Stücke.

2 Erhitzen Sie das Pflanzenöl in einer Pfanne bei mittlerer Hitze.

3 Fügen Sie den gehackten Knoblauch hinzu und braten Sie ihn an, bis er goldbraun und duftend ist.

4 Fügen Sie den Wasserspinat in die Pfanne und rühren Sie ihn um.

5 Geben Sie Fischsauce, Sojasauce, Zucker, Salz und Pfeffer hinzu und rühren Sie erneut um.

6 Braten Sie den Wasserspinat 2–3 Minuten lang an, bis er weich und gut durchgebraten ist.

7 Nehmen Sie die Pfanne vom Herd und servieren Sie den Rau Muống Xào Tỏi heiß als Beilage zu Reis oder anderen Gerichten.

CANH CHUA CHAY – SAURE GEMÜSESUPPE

 4 Port.
 20 Min.
 Leicht

Zutaten

500 ml Wasser
100 g frische Ananasstücke
50 g Okraschoten, in Scheiben geschnitten
50 g Zwiebeln, in dünne Scheiben geschnitten
50 g Tomaten, in Stücke geschnitten
60 g Tamarindenpaste
20 g Zucker
2 EL Fischsauce (optional)
20 g gehackte Korianderblätter
Salz nach Geschmack
100 g gemischtes Gemüse (z. B. Auberginen, Bittermelone, Zucchini), in Würfel geschnitten
1–2 Chilischoten, gehackt (optional)

Nährwerte p. P.

120 kcal
28 g Kohlenhydrate
0 g Fett
2 g Eiweiß

1 Um Canh Chua Chay zuzubereiten, bringen Sie bitte zuerst das Wasser in einem Topf zum Kochen. Anschließend können Sie Ananas, Okraschoten, Zwiebeln und Tomaten in den Topf geben.

2 Fügen Sie dann Tamarindenpaste, Zucker, Fischsauce, Korianderblätter und Salz hinzu und rühren Sie alles gut um.

3 Das Gemüse können Sie nun in den Topf geben und bei mittlerer Hitze kochen, bis es weich ist. Optional können Sie noch Chili hinzufügen und umrühren.

4 Zum Schluss können Sie das Gericht abschmecken und bei Bedarf nachwürzen.

5 Heiß serviert und zusammen mit Reis gegessen, ist Canh Chua Chay ein wohlschmeckendes Gericht.

Vegane Gerichte

CHẢ GIÒ CHAY – FRÜHLINGSROLLEN

2 - 4 Port.

25 Min.

Leicht

Zutaten

100 g Tofu
100 g Karotten, geraspelt
100 g Kohl, fein geschnitten
1 kleine Zwiebel, fein gehackt
1 Knoblauchzehe, fein gehackt
1 EL Sojasauce
1 EL Zucker
½ TL Salz
¼ TL Pfeffer
12–14 Reispapierblätter
Pflanzenöl zum Frittieren

Nährwerte p. P.

192 kcal
23 g Kohlenhydrate
8 g Fett
6 g Eiweiß

1 Um die Tofu-Gemüse-Frühlingsrollen (Chả Giò Chay) zuzubereiten, sollten Sie zuerst den Tofu in kleine Würfel schneiden und in einer Pfanne ohne Öl anbraten, bis er leicht braun ist. Anschließend können Sie ihn in eine Schüssel geben.

2 Dann geben Sie Karotten, Kohl, Zwiebel und Knoblauch in die Pfanne und braten sie an, bis das Gemüse weich ist. Fügen Sie das Gemüse dann zur Tofu-Mischung in der Schüssel hinzu.

3 Als Nächstes geben Sie Sojasauce, Zucker, Salz und Pfeffer zu der Tofu-Gemüse-Mischung und vermischen alles gut.

4 Legen Sie dann die Reispapierblätter in eine flache Schüssel mit lauwarmem Wasser, bis sie weich sind (ca. 30 Sekunden). Breiten Sie sie dann auf einem feuchten Küchentuch aus.

5 Geben Sie einige Esslöffel der Tofu-Gemüse-Mischung in die Mitte eines Reispapierblattes und formen Sie es zu einer Rolle. Falten Sie die Enden des Blattes nach innen, damit die Füllung nicht herausfällt. Verfahren Sie mit den restlichen Reispapierblättern und der Füllung genauso.

6 Erhitzen Sie nun das Pflanzenöl in einem Topf und frittieren Sie die Frühlingsrollen darin goldbraun, bis sie knusprig sind. Lassen Sie sie dann auf Küchenpapier abtropfen.

7 Servieren Sie die Chả Giò Chay und genießen Sie das köstliche vegane vietnamesische Gericht!

GỎI CUỐN CHAY – SOMMERROLLEN

2 - 4 Port. | 20 Min. | Leicht

Zutaten

10–14 Reispapierblätter
200 g Tofu
2–3 Karotten
1 Gurke
100 g Reisnudeln
frische Kräuter (z. B. Koriander und Minze)
Erdnüsse (optional)
Sojasauce nach Belieben
1 Prise Zucker
2 EL Limettensaft

Nährwerte p. P.

190 kcal
32 g Kohlenhydrate
4 g Fett
8 g Eiweiß

1 Um die veganen vietnamesischen Sommerrollen zuzubereiten, sollten Sie folgendermaßen vorgehen:

2 Schneiden Sie zunächst Tofu in dünne Scheiben und braten Sie diese in einer Pfanne ohne Öl an, bis sie leicht braun sind. Geben Sie den angebratenen Tofu dann in eine Schüssel und stellen Sie diese beiseite.

3 Schneiden Sie Karotten und Gurke in dünne Streifen und kochen Sie Reisnudeln nach Packungsanweisung. Lassen Sie die Nudeln anschließend abtropfen.

4 Waschen Sie frische Kräuter und hacken Sie diese grob. Hacken Sie auch Erdnüsse grob, falls gewünscht.

5 Stellen Sie eine flache Schüssel mit lauwarmem Wasser bereit und legen Sie ein Reispapierblatt hinein, bis es weich wird (ca. 30 Sekunden).

6 Legen Sie das weiche Reispapierblatt auf ein feuchtes Küchentuch und belegen Sie es mit Tofu, Karotten, Gurke, Reisnudeln, Kräutern und Erdnüssen (optional).

7 Klappen Sie die Seiten des Reispapierblattes ein und formen Sie das Blatt von unten nach oben zu einer Rolle.

8 Füllen Sie die restlichen Reispapierblätter genauso und rollen Sie diese.

9 Vermischen Sie zum Schluss Sojasauce, Zucker und Limettensaft in einer kleinen Schüssel, um eine Dip-Sauce zu erhalten.

CÀ RI CHAY – TOFU-CURRY-GERICHT

 2 Port.

 30 Min.

 Leicht

Zutaten

1 Zwiebel, gehackt
3 Knoblauchzehen, gehackt
2 EL Currypulver
1 Dose Kokosmilch
1 Karotte, geschält und in kleine Stücke geschnitten
1 Süßkartoffel, geschält und in kleine Stücke geschnitten
1 Kartoffel, geschält und in kleine Stücke geschnitten
100 g Erbsen
100 g grüne Bohnen, in kleine Stücke geschnitten
200 g Tofu, gewürfelt
1 EL Sojasauce
1 EL Zucker
1 TL Salz
½ TL Pfeffer
2 EL Pflanzenöl
350 g gekochter Reis (optional)

Nährwerte p. P.

300 kcal
23 g Kohlenhydrate
20 g Fett
8 g Eiweiß

1 Erhitzen Sie das Pflanzenöl in einem Topf bei mittlerer Hitze. Fügen Sie die Zwiebel und den Knoblauch hinzu und braten Sie sie an, bis sie weich und duftend sind.

2 Fügen Sie das Currypulver hinzu und braten Sie es für etwa 1 Minute an, bis es duftet.

3 Geben Sie die Kokosmilch hinzu und rühren Sie sie gut um, bis sie vollständig in das Curry eingearbeitet ist.

4 Fügen Sie die Karotten, Süßkartoffeln und Kartoffeln hinzu und rühren Sie gut um. Lassen Sie das Gemüse für etwa 10-15 Minuten köcheln, bis es weich ist.

5 Fügen Sie die Erbsen, grünen Bohnen und Tofu hinzu und lassen Sie es für weitere 5–10 Minuten köcheln, bis alles weich und durchgekocht ist.

6 Fügen Sie Sojasauce, Zucker, Salz und Pfeffer hinzu und rühren Sie gut um, bis alles gut eingearbeitet ist.

7 Wenn gewünscht, servieren Sie das Curry auf gekochtem Reis.

Soßen, Dips & Aufstriche

NƯỚC CHẤM – DIP FÜR ALLE GERICHTE

2 Port. 15 Min. Leicht

Zutaten

2 Knoblauchzehen, gehackt
2 rote Chilischoten, gehackt
2 EL Zucker
4 EL Fischsauce
4 EL Limettensaft
½ Tasse Wasser

Nährwerte p. P.

30 kcal
6 g Kohlenhydrate
0 g Fett
1 g Eiweiß

1 Geben Sie den gehackten Knoblauch und die gehackten Chilischoten in eine Schüssel und geben Sie den Zucker hinzu. Rühren Sie, bis sich der Zucker aufgelöst hat.

2 Fügen Sie dann die Fischsauce, Limettensaft und Wasser hinzu und rühren Sie, bis alles gut vermischt ist. Probieren Sie die Mischung und passen Sie sie gegebenenfalls an, indem Sie mehr Zucker oder Limettensaft hinzufügen.

3 Nuoc Cham eignet sich hervorragend als Dip für gebratene oder gegrillte Fleisch-, Fisch- oder Gemüsegerichte.

NƯỚC LÈO – ERDNUSS-DIP

2 - 4 Port.

40 Min.

Leicht

Zutaten

100 g cremige Erdnussbutter
50 ml Sojasauce
50 ml Reisessig
2 EL brauner Zucker
1 Knoblauchzehe, gehackt
1 TL geriebener Ingwer
¼ Tasse Wasser
¼ TL rote Pfefferflocken

Nährwerte p. P.

120 kcal
7 g Kohlenhydrate
9 g Fett
4 g Eiweiß

1 Geben Sie alle Zutaten in eine Schüssel und rühren Sie sie gut um, bis sie vollständig vermischt sind.

2 Wenn der Dip zu dick ist, können Sie nach Bedarf mehr Wasser hinzufügen, um ihn zu verdünnen.

3 Stellen Sie den Dip mindestens 30 Minuten lang in den Kühlschrank, damit sich die Aromen entfalten können.

4 Vor dem Servieren umrühren.

TỎI DẤM – CHILI-KNOBLAUCHSOẞE

2 - 4 Port.

40 Min.

Leicht

Zutaten

3 Knoblauchzehen, gehackt
2 rote Chilischoten, gehackt
70 ml weißer Reisessig

Nährwerte p. P.

25 kcal
6 g Kohlenhydrate
0 g Fett
1 g Eiweiß

1 Geben Sie den Knoblauch und die Chilischoten in eine Schüssel und zerstoßen Sie sie mit einem Mörser oder einer Gabel, bis sie fein zerkleinert sind.

2 Fügen Sie den Zucker hinzu und rühren Sie, bis er sich vollständig aufgelöst hat.

3 Fügen Sie den Limettensaft, die Fischsauce und das Wasser hinzu und rühren Sie alles gut um, bis alle Zutaten vollständig vermischt sind.

4 Vor dem Servieren mindestens 30 Minuten lang im Kühlschrank kalt stellen.

TƯƠNG ĐEN – SELBSTGEMACHTE HOISIN SOẞE

2 - 4 Port.

40 Min.

Leicht

Zutaten

4 EL Dattelmus
2 EL Erdnussbutter
2 EL Ahornsirup
2 EL Sojasauce
2 EL Reisessig
1 EL Honig
1 TL Sesamöl
1 TL Sriracha
1 TL 5 Gewürze Pulver
1 Knoblauchzehe, gehackt
1 TL geriebener Ingwer
¼ TL rote Pfefferflocken
Ggf. etwas Wasser

Nährwerte p. P.

55 kcal
13 g Kohlenhydrate
0,5 g Fett
1 g Eiweiß

1 Geben Sie alle Zutaten in eine Schüssel und rühren Sie sie gut um, bis sie vollständig vermischt sind.

2 Wenn die Sauce zu dick ist, können Sie nach Bedarf mehr Wasser hinzufügen, um sie zu verdünnen.

3 Stellen Sie die Sauce mindestens 30 Minuten lang in den Kühlschrank, damit sich die Aromen entfalten können.

4 Vor dem Servieren umrühren.

Fingerfood & Snacks

BÁNH PHỒNG TÔM – KRABBENCHIPS

3 - 4 Port.

3 Tage / 55 Min.

Leicht

Zutaten

250 g küchenfertige Garnelen (entkrustet, entdarmt)
250 g Tapiokastärke
130 ml Wasser
500 ml-1 Liter Wasser zum Dämpfen
1,5 TL Salz
1 TL Fischsauce
½ TL Salz
¼ TL weißer Pfeffer
¼ TL Zucker
¼ TL Knoblauchpulver
¼ TL Zwiebelpulver
Öl zum Frittieren

Nährwerte p. P.

176 kcal
15 g Kohlenhydrate
9 g Fett
9 g Eiweiß

1 Geben Sie das Wasser in einen Topf und lassen Sie es kochen.

2 Mit einem Stabmixer mixen Sie die Garnelen. Geben Sie danach zu der Garnelenpaste alle Gewürze hinzu und mixen Sie erneut.

3 Geben Sie nun die Tapiokastärke in eine Schüssel und geben Sie das gekochte Wasser darüber. Rühren Sie schnell und gründlich um.

4 500 ml Wasser in einen Topf mit Dampfkocheinsatz geben und zum Kochen bringen.

5 Den Teig in 2 gleich große Teile aufteilen. Diese Teile formen Sie zu Rollen von etwa 2,5 cm Dicke. Legen Sie die Rollen mit etwas Abstand in den Dämpfer und lassen Sie den Teig für etwa 30 Minuten dämpfen.

6 Nehmen Sie ihn anschließend wieder hinaus und lassen Sie die Rollen 2 Tage trocknen, geeignet ist ein etwas kühlerer Platz.

7 Nach dem Trocknen schneiden Sie die Rolle in sehr dünne Scheiben, welche Sie noch mal zum Trocknen auslegen, damit diese keine Feuchtigkeit mehr aufweisen (etwa ein weiterer Tag).

8 Nun können Sie die Chips frittieren, indem Sie das Öl in einem Topf oder in der Fritteuse heiß werden lassen (etwa 180°C). Die Größe verdoppelt bzw. verdreifacht sich, daher frittieren Sie immer nur ein paar Chips gleichzeitig. Immer nur ein paar Chips auf einmal frittieren. Vorsicht, die Größe verdreifacht sich.

9 Lassen Sie die fertigen Chips auf Küchenpapier abtropfen und servieren Sie diese.

KẸO DỪA – KOKOSNUSS-BONBONS

3 – 4 Port.

30 Min.

Leicht

Zutaten

220 g Kokosmilch
60 g Zucker
1 Prise Salz
35 g Malz
10 g Kokosöl
1 TL Vanilleextrakt

Nährwerte p. P.

160 kcal
28 g Kohlenhydrate
6 g Fett
1 g Eiweiß

1 Bereiten Sie eine Eiswürfelform vor, am besten nehmen Sie eine biegsame.

2 Geben Sie alle Zutaten in einen Topf. Schalten Sie den Herd bei schwacher Hitze ein. Kochen Sie die Zutaten, bis sie dick und klebrig werden (Die Temperatur sollte nicht höher als 125 °C sein). Sie sollten das Gemisch auch ständig umrühren, da es leicht anbrennt.

3 Wenn Sie sehen, dass das Gemisch dick und biegsam ist, ist es fertig. Fügen Sie schnell Kokosöl hinzu und gießen Sie die Bonbons dann in die vorbereitete Form.

GỎI CUỐN – SOMMERROLLEN MIT GARNELEN

4 Port.

20 Min.

Leicht

Zutaten

12 Reispapierblätter
12 Garnelen, gekocht und geschält
2 Karotten, in feine Streifen geschnitten
½ Gurke, in feine Streifen geschnitten
½ Tasse gekochte Glasnudeln
1 Tasse gehackte Kräuter (Koriander, Minze, Thai-Basilikum)
½ Tasse gehackte Erdnüsse
1 EL Fischsauce
1 EL Limettensaft
1 Knoblauchzehe, gehackt
1 TL Zucker
Wasser zum Einweichen der Reispapierblätter

Nährwerte p. P.

87 kcal
12 g Kohlenhydrate
2 g Fett
5 g Eiweiß

1 Legen Sie die Reispapierblätter nacheinander in eine flache Schüssel mit warmem Wasser und lassen Sie sie etwa 20–30 Sekunden einweichen, bis sie weich sind.

2 Legen Sie das Reispapierblatt auf eine Arbeitsfläche und belegen Sie es mit Garnelen, Karotten, Gurken, Glasnudeln, Kräutern und Erdnüssen.

3 Klappen Sie das untere Ende des Reispapiers über die Füllung, dann die Seiten einklappen und das Blatt aufrollen.

4 Vermengen Sie in einer Schüssel Fischsauce, Limettensaft, Knoblauch und Zucker zu einer Dip-Sauce.

5 Richten Sie die Gỏi Cuốn auf einem Teller an und servieren Sie sie mit der Dip-Sauce.

6 Die köstlichen Sommerrollen werden traditionell auch gerne als leichte Vorspeise serviert.

BÁNH RÁN – FRITTIERTE SESAMBÄLLCHEN

4 Port.

1 Tag / 40 Min.

Leicht

Zutaten

225 g Klebreismehl
50 g Reismehl
2 EL Kartoffelpüreeflocken
200 ml warmes Wasser
2 EL Zucker (2x)
1 Prise Salz (2x)
1 EL Sesamöl
1,5 TL Backpulver
100 g geschälte und gespaltene Mungobohnen
100 g Sesam als zum Marinieren
1 Liter Öl zum Frittieren

Nährwerte p. P.

348 kcal
52 g Kohlenhydrate
12 g Fett
6 g Eiweiß

1 In einer Schüssel vermengen Sie das Klebreismehl, das Reismehl, Backpulver und die Kartoffelpüreeflocken mit lauwarmem Wasser, Zucker und Salz und kneten es zu einem glatten Teig.

2 Spülen Sie die Mungobohnen einmal durch und lassen Sie sie über Nacht in kalten Wasser einweichen.

3 Die Bohnen abgießen, in einen Topf geben, mit Wasser bedecken und sehr weich kochen – das Wasser sollte vollständig verdampfen. Salz, Zucker und Öl dazugeben. Die Masse sollte eine feste Breikonsistenz haben. Daraus formen Sie kleine Kugeln.

4 Aus dem Teig formen Sie kleine Kugeln, in der Mitte flach drücken und die Mungobohnenkugel darauf geben. Die Ränder des Teigs sollten Sie gründlich zusammendrücken und zu einem Ball formen. Danach nochmal in Sesam wälzen.

5 Das Öl erhitzen Sie in einem Topf und frittieren die Bánh rán darin goldbraun. Anschließend sollten Sie die Bánh Rán auf Küchenpapier abtropfen lassen und servieren.

CHẢ GIÒ – FRÜHLINGSROLLEN MIT SCHWEINEFLEISCH UND GARNELEN

 4 Port.
 40 Min.
 Leicht

Zutaten

200 g Schweinehackfleisch
100 g Garnelen, geschält und gehackt
1 kleine Karotte, geschält und fein gehackt
50 g Glasnudeln, eingeweicht und gehackt
½ Zwiebel, fein gehackt
2 Knoblauchzehen, fein gehackt
1 Ei
1 EL Fischsauce
1 TL Zucker
¼ TL schwarzer Pfeffer
12 Frühlingsrollenblätter
Pflanzenöl zum Frittieren

Nährwerte p. P.

250 kcal
23 g Kohlenhydrate
12 g Fett
13 g Eiweiß

1 Sie geben das Schweinehackfleisch, die Garnelen, die Karotte, die Glasnudeln, die Zwiebeln und den Knoblauch in eine Schüssel und vermischen alles gründlich.

2 Sie schlagen das Ei in eine separate Schüssel und vermengen es mit Fischsauce, Zucker und schwarzem Pfeffer.

3 Sie geben die Ei-Mischung zum Hackfleisch-Gemisch und vermengen alles gründlich.

4 Sie breiten ein Frühlingsrollenblatt auf einer Arbeitsfläche aus und geben einen Esslöffel der Hackfleisch-Garnelen-Mischung auf die untere Mitte des Blattes.

5 Sie klappen das untere Ende des Blattes über die Mischung, falten dann die Seiten des Blattes nach innen und rollen die Rolle eng auf.

6 Sie wiederholen diesen Vorgang mit den restlichen Frühlingsrollenblättern und der Füllung.

7 Sie erhitzen ausreichend Pflanzenöl in einem großen Topf oder einer Fritteuse auf etwa 170 bis 180 °C.

8 Sie geben die Frühlingsrollen vorsichtig in das heiße Öl und frittieren sie in kleinen Chargen, bis sie goldbraun und knusprig sind. Dies dauert in der Regel etwa 3–4 Minuten pro Charge.

9 Sie nehmen die fertigen Frühlingsrollen aus dem Öl und lassen sie auf Küchenpapier abtropfen, um überschüssiges Öl aufzusaugen.

10 Sie servieren die Chả Giò warm, am besten mit einer scharfen Chili-Sauce oder einer süßen Chili-Sauce zum Dippen.

Desserts

CHÈ CHUỐI NƯỚC CỐT DỪA – BANANEN-KOKOSMILCH-PUDDING

2 - 4 Port.

40 Min.

Leicht

Zutaten

3 reife Bananen, zerdrückt
1 Dose Kokosmilch (400 ml)
½ Tasse Tapiokaperlen
¼ Tasse Zucker
¼ TL Salz
1 TL Vanilleextrakt
frische Früchte oder geröstete Kokosraspeln zum Garnieren

Nährwerte p. P.

301 kcal
53 g Kohlenhydrate
9 g Fett
2 g Eiweiß

1 In einer Schüssel sollten die Tapiokaperlen in kaltem Wasser eingeweicht und dann abgetropft werden.

2 Anschließend kochen Sie die Kokosmilch mit Bananen, Zucker und Salz vermischt, bis die Bananen weich sind.

3 Dann werden die Tapiokaperlen hinzugefügt und weitere 30 Minuten gekocht, bis die Kokosmilch eingedickt ist. Zum Schluss wird Vanilleextrakt hinzugefügt und alles gut umgerührt.

4 Der Bananen-Kokosmilch-Pudding sollte in Dessertschalen gefüllt und im Kühlschrank abgekühlt werden.

5 Zum Servieren können frische Früchte oder geröstete Kokosraspeln als Garnitur verwendet werden.

CHÈ BA MÀU – DREIFARBIGER PUDDING

 4 Port.
 2 Std.
 Leicht

Zutaten

Für die rote Schicht
1 Tasse gesüßte rote Adzukibohnenpaste
Für die grüne Schicht
2 Tassen Wasser
1 EL Agar-Agar
3 EL Zucker
¼ TL Pandan-Aroma
4 Tropfen grüne Lebensmittelfarbe (optional)

Für die gelbe Schicht
½ Tasse getrocknete gelbe, geschälte Mungbohnen
4 Tassen Wasser
2 EL Zucker

Für die Kokosnusssauce
¾ Tasse Kokosnusscreme
3 EL Zucker
1 TL Speisestärke
¼ TL Salz

Nährwerte p. P.

245 kcal
36 g Kohlenhydrate
10 g Fett
3 g Eiweiß

1 Weichen Sie die Mungobohnen in 3 Tassen Wasser mindestens 3 Stunden oder am besten über Nacht ein.

2 2 Tassen Wasser in einem kleinen Topf zum Kochen bringen. Agar-Agar und 3 Esslöffel Zucker hinzugeben. 1 bis 2 Minuten rühren, bis er sich aufgelöst hat.

3 Die Hitze auf ein Köcheln reduzieren und das Pandan-Aroma einrühren. Fügen Sie die optionale Lebensmittelfarbe hinzu - etwa 4 Tropfen für eine leuchtend grüne Farbe.

4 Die Pandan-Mischung in eine Quicheform füllen und 1 bis 2 Stunden abkühlen lassen.

5 Die Mungbohnen in einem Sieb unter fließendem Wasser abspülen und in einen mittelgroßen Topf mit 1 Tasse Wasser geben. Sobald das Wasser kocht, die Hitze auf mittlere Stufe reduzieren. 2 Esslöffel Zucker zugeben und 10 Minuten kochen lassen, bis die Bohnen bissfest sind. Abkühlen lassen und dann mit einer Gabel oder einem Kartoffelstampfer zerdrücken.

6 Schneiden Sie das Pandan-Gelee in dünne Bänder oder kleine Würfel.

7 Bringen Sie die Kokosnusscreme in einem kleinen Topf bei mittlerer Hitze zum Kochen. Dann 3 Esslöffel Zucker, die Tapiokastärke und das Salz hinzufügen. Rühren Sie 1 bis 2 Minuten lang kräftig um, bis die Mischung eindickt. Sie sollte an der Rückseite des Löffels kleben bleiben, wie geschmolzenes Eis. Zum Abkühlen beiseite stellen.

8 Das Chè ba màu wird in einem hohen, klaren Glas zubereitet. In folgender Reihenfolge schichten: 2 Esslöffel der roten Bohnenpaste, 2 Esslöffel der gelben Mungobohnenmischung, 2 Esslöffel des grünen Pandangelees und 1 Tasse zerstoßenes Eis. Beträufeln Sie die Mischung mit 2 Esslöffeln Kokosnusssauce. Die Zutaten reichen aus, um 4 Gläser Chè ba màu zuzubereiten.

SỮA CHUA NẾP CẨM – REISJOGHURTPUDDING

4 Port.

40 Min.

Leicht

Zutaten

150 g klebriger Reis
1 Liter Wasser
1 Dose Kokosmilch (400 ml)
500 g Joghurt
1 Tasse gemischte Früchte (z. B. Mango, Ananas, Erdbeeren)
2 EL Zucker
1 Prise Salz
1 EL Maismehl
2 EL Wasser

Nährwerte p. P.

355 kcal
50 g Kohlenhydrate
14 g Fett
7 g Eiweiß

1 Waschen Sie den klebrigen Reis gründlich und geben ihn dann in einen Topf. Fügen Sie Wasser hinzu und bringen Sie es auf mittlerer Hitze zum Kochen. Wenn das Wasser kocht, reduzieren Sie die Hitze und lassen den Reis für 15–20 Minuten köcheln, bis er weich ist und das Wasser aufgenommen hat.

2 Geben Sie nun Kokosmilch, Joghurt, Zucker und Salz in eine Schüssel und vermischen Sie sie gut. Schneiden Sie die gemischten Früchte in kleine Stücke und stellen Sie sie beiseite. Vermischen Sie in einer kleinen Schüssel Maismehl und Wasser, um eine dünne Paste zu machen.

3 Sobald der Reis fertig ist, fügen Sie die Kokosmilch-Joghurt-Mischung hinzu und vermischen es gut. Geben Sie die Maismehlpaste hinzu und erhitzen Sie es unter ständigem Rühren, bis die Mischung dicker wird. Fügen Sie die gekochten Früchte hinzu und rühren Sie sie unter.

4 Gießen Sie die Mischung in eine Puddingform oder eine Schüssel und lassen Sie sie im Kühlschrank für mindestens 2 Stunden oder über Nacht fest werden. Vor dem Servieren garnieren Sie es mit zusätzlichen Früchten.

CHÈ BẮP – REISNUDELPUDDING

4 Port.

1 Std. 20 Min.

Leicht

Zutaten

1 Tasse klebriger Reis
1 Dose süßer Mais (ca. 400 g)
1 Dose Kokosmilch (ca. 400 ml)
½ Tasse Zucker (oder nach Geschmack)
Eine Prise Salz
Pandanblätter (optional, für zusätzliches Aroma)
Crushed Ice (optional)

Nährwerte p. P.

1 Den klebrigen Reis waschen und in kaltem Wasser einweichen. Lassen Sie ihn mindestens 30 Minuten lang einweichen, aber idealerweise 2 Stunden oder länger, um sicherzustellen, dass er gut klebrig wird.

2 Während der Reis einweicht, können Sie die Kokosmilch vorbereiten. Gießen Sie die Kokosmilch in einen Topf und erhitzen Sie sie bei mittlerer Hitze. Fügen Sie eine Prise Salz hinzu und rühren Sie gelegentlich um. Wenn die Kokosmilch heiß ist (nicht kochen lassen), nehmen Sie sie vom Herd und stellen Sie sie beiseite. Wenn Sie Pandanblätter verwenden, können Sie diese in die Kokosmilch legen, um zusätzliches Aroma zu erhalten. Lassen Sie die Pandanblätter etwa 15 Minuten in der Kokosmilch ziehen und entfernen Sie sie dann.

3 Nachdem der Reis eingeweicht ist, lassen Sie ihn gut abtropfen und geben Sie ihn in einen Dämpfer. Dämpfen Sie den Reis etwa 20-30 Minuten lang, bis er weich und klebrig ist. Stellen Sie sicher, dass der Reis nicht zu trocken wird. Wenn nötig, können Sie während des Dämpfens etwas Wasser hinzufügen.

4 In der Zwischenzeit können Sie den süßen Mais abtropfen lassen und in einer separaten Pfanne erhitzen. Fügen Sie den Zucker hinzu und rühren Sie, bis der Mais karamellisiert ist und eine goldene Farbe annimmt.

5 Wenn der klebrige Reis fertig ist, nehmen Sie ihn aus dem Dämpfer und geben Sie ihn in eine große Schüssel. Gießen Sie die heiße Kokosmilch über den Reis und rühren Sie vorsichtig um, bis der Reis die Kokosmilch aufgenommen hat.

6 Um Chè Bắp zu servieren, geben Sie eine Portion des klebrigen Reises in eine Schüssel, fügen Sie eine Portion des karamellisierten süßen Mais hinzu und gießen Sie nach Belieben zusätzliche Kokosmilch darüber. Sie können auch Crushed Ice hinzufügen, um das Dessert erfrischender zu gestalten.

Getränke

CÀ PHÊ SỮA ĐÁ – VIETNAMESISCHER EISKAFFEE

1 Port.

15 Min.

Leicht

Zutaten

2 EL grob gemahlenes Kaffeepulver
2 EL gezuckerte Kondensmilch
½ Tasse heißes Wasser
Eiswürfel

Nährwerte p. P.

120 kcal
18 g Kohlenhydrate
3 g Fett
3 g Eiweiß

1 Geben Sie das Kaffeepulver in einen Kaffeefilter und gießen Sie das heiße Wasser darüber. Lassen Sie den Kaffee 5 Minuten ziehen.

2 Geben Sie die gezuckerte Kondensmilch in ein Glas und gießen Sie den Kaffee darüber. Rühren Sie gut um.

3 Fügen Sie Eiswürfel in das Glas hinzu und gießen Sie den Kaffee darüber.

4 Servieren Sie den Ca Phe Sua Da kalt und genießen Sie ihn.

5 Tipp: Wenn Sie einen noch intensiveren Kaffeegeschmack möchten, können Sie den Kaffee auch mit einem Tropfen Vanilleextrakt oder Zimt würzen.

CÀ PHÊ TRÚNG – KAFFEE MIT EIGELB

2 Port.

15 Min.

Leicht

Zutaten

2 EL gemahlener Kaffee
2 EL Kondensmilch
2 Eigelbe
2 EL Zucker
½ Tasse Wasser

Nährwerte p. P.

236 kcal
33 g Kohlenhydrate
8 g Fett
8 g Eiweiß

1 Bereiten Sie den Espresso in einer French Press oder einem vietnamesischen Kaffeefilter zu.

2 In einer Schüssel das Eigelb, den Zucker und die Kondensmilch mit einem Schneebesen schaumig schlagen.

3 Das heiße Wasser über den Kaffee gießen und gut umrühren.

4 Die Eigelb-Mischung über den Kaffee gießen und nochmals umrühren, bis sich alles gut vermengt hat.

5 Das Getränk heiß servieren.

CAFE SỮA CHUA – JOGHURT-KAFFEE

1 Port.

15 Min.

Leicht

Zutaten

2 EL gemahlener vietnamesischer Kaffee
2 EL gezuckerte Kondensmilch
½ Tasse kalter Joghurt
Eiswürfel

Nährwerte p. P.

158 kcal
26 g Kohlenhydrate
4 g Fett
6 g Eiweiß

1 Geben Sie den gemahlenen Kaffee in eine Kaffeemaschine oder einen Kaffeefilter und brühen Sie ihn mit ½ Tasse heißem Wasser auf.

2 Fügen Sie die gezuckerte Kondensmilch hinzu und rühren Sie sie um, bis sie sich vollständig aufgelöst hat.

3 Geben Sie den kalten Joghurt in ein Glas und fügen Sie den Kaffee hinzu.

4 Rühren Sie alles gut um, bis sich der Joghurt und der Kaffee vollständig vermischt haben.

5 Fügen Sie Eiswürfel hinzu und servieren Sie das Getränk sofort.

NƯỚC DỪA – KOKOSNUSSWASSER

1 Port.

14 Tage

Leicht

Zutaten

1 Kokosnuss
Limetten- oder Zitronensaft

Nährwerte p. P.

19 kcal
3,71 g Kohlenhydrate
0,20 g Fett
0,72 g Eiweiß

1 Um Nước dừa herzustellen, benötigen Sie eine reife Kokosnuss und ein scharfes Messer. Folgen Sie diesen Schritten, um das Rezept zu kreieren:

2 Öffnen Sie die Kokosnuss mit einem scharfen Messer und gießen Sie das Kokoswasser in einen Behälter.

3 Sie können das Kokoswasser direkt trinken oder nach Belieben süßen. Einige Menschen fügen auch Zitronen- oder Limettensaft hinzu, um den Geschmack zu verbessern.

SINH TỐ – LECKERER FRUCHT-SMOOTHIE

1 -2 Port.

15 Min.

Leicht

Zutaten

1 Tasse frische Früchte (z. B. Mango, Ananas, Papaya)
½ Tasse Milch
½ Tasse Eiswürfel
2 EL Kondensmilch
1 TL Vanilleextrakt (optional)

Nährwerte p. P.

245 kcal
38 g Kohlenhydrate
7 g Fett
7 g Eiweiß

1 Schneiden Sie die Früchte in kleine Stücke.

2 Geben Sie die Früchte, Milch, Eiswürfel, Kondensmilch und Vanilleextrakt in einen Mixer.

3 Mixen Sie alle Zutaten zusammen, bis eine cremige Konsistenz erreicht ist.

4 Schmecken Sie den Smoothie ab und fügen Sie bei Bedarf mehr Kondensmilch oder Zucker hinzu.

5 Gießen Sie den Sinh Tố in ein Glas und servieren Sie ihn sofort.

SỮA ĐẬU NÀNH – SOJAMILCH-DRINK

1 - 2 Port.

40 Min.

Leicht

Zutaten

1 Tasse Mungbohnen
½ Tasse Tapiokaperlen
½ Tasse Kokosmilch
20 g Zucker
2 Tassen Wasser
Salz

Nährwerte p. P.

198 kcal
35 g Kohlenhydrate
5 g Fett
4 g Eiweiß

1 Die Mungbohnen waschen und in eine Schüssel geben. Wasser hinzufügen und die Bohnen mindestens 4 Stunden oder über Nacht einweichen lassen.

2 Die eingeweichten Bohnen abtropfen lassen und mit 2 Tassen Wasser in einen Topf geben. Zum Kochen bringen und bei mittlerer Hitze 20–30 Minuten köcheln lassen, bis die Bohnen weich sind.

3 Die Tapiokaperlen in einer separaten Schüssel waschen und ebenfalls einweichen lassen.

4 Wenn die Mungbohnen weich sind, die Tapiokaperlen in den Topf geben und weitere 10–15 Minuten kochen, bis sie durchsichtig werden.

5 Fügen Sie die Kokosmilch, den Zucker und 1 Prise Salz hinzu. Rühren Sie gut um und lassen Sie alles weitere 5 Minuten kochen, bis sich der Zucker vollständig aufgelöst hat.

6 Nehmen Sie den Topf vom Herd und lassen Sie den Sữa đậu nành auf Raumtemperatur abkühlen oder servieren Sie ihn warm.

CHANH MUỐI – ZITRONENSAFT

2 - 4 Port.

2 Tage

Leicht

Zutaten

5 Zitronen
¼ Tasse Salz
4 Tassen Wasser
Zucker nach Geschmack
Eiswürfel

Nährwerte p. P.

10 kcal
3 g Kohlenhydrate
0 g Fett
0 g Eiweiß

1 Waschen Sie die Zitronen gründlich und schneiden Sie sie in kleine Stücke. Legen Sie sie in eine Schüssel und bestreuen Sie sie mit Salz. Rühren Sie um, um sicherzustellen, dass alle Stücke gleichmäßig gesalzen sind.

2 Bedecken Sie die Schüssel mit einem Deckel oder Plastikfolie und lassen Sie sie 1-2 Tage lang an einem kühlen Ort stehen, bis sich der Saft gebildet hat.

3 Entfernen Sie die Zitronenstücke und geben Sie den Zitronensaft in einen Krug.

4 Fügen Sie Wasser und Zucker nach Geschmack hinzu und rühren Sie gut um, bis sich der Zucker aufgelöst hat.

5 Geben Sie Eiswürfel in Gläser und gießen Sie das Chanh Muối darüber.